Gerhard Schöne

Mein Kinderland

Geschichten

Bilder
von
Jutta Mirtschin

Lehmstedt

Früher

»Papa, erzähl noch was von früher!« sagen meine Kinder oft zu mir. Und zur Erklärung, dass sie mit »früher« nicht das Mittelalter meinen, fügen sie hinzu: »... als du Kind warst ...«

Die älteren Kinder kennen Geschichten aus meiner Kindheit, die die Kleinen noch nicht kennen, deshalb rufen sie mir schon Stichworte zu oder verbessern mich, falls ich etwas abwandle.

Wenn man erwachsen ist, merkt man erst, wie kostbar diese Zeit ist, die Kindheit genannt wird, und fängt an zu vergleichen. Nun muss ich erwähnen, dass ich meine Kinder in einem Alter bekommen habe, in dem andere schon Enkel haben. Darum ist der Unterschied zwischen ihrer und meiner Kindheit noch auffälliger.

Meine Eltern hatten auch sechs Kinder. Mein Vater musste aber als Soldat in den Krieg, deshalb erzählte er eher von diesen traurigen Zeiten als von seiner Kindheit.

Es war eine andere Welt, sagte mein Vater, wenn er von seiner Kindheit sprach. Eine kurze Kindheit zwischen zwei Kriegen, wo es zu Hause oft am Nötigsten fehlte. Muße zum Spielen, Staunen und Entdecken war wenig. Deshalb holte er als alter Mann vieles nach. Er sammelte bestimmte Gräser, Flechten, Moose und Farne. Auch nach interessanten Steinen bückte er sich. Er selbst nannte seine letzten Jahre »meine zweite Kindheit«. Und seine Augen leuchteten, wie die seiner Enkel.

Es war eine andere Welt, denke auch ich manchmal, wenn ich meine Kindheit vergleiche mit der jetzigen Zeit, in der meine Kinder aufwachsen. Wenn ich Milch kaufen sollte, dann ging ich mit einer Blechkanne los, in die vier Liter passten. In der Menschenschlange, die beim Milchgeschäft stand, regte sich manchmal jemand auf, dass in meine Kanne so viel Milch gegossen wurde. Dann erklärte die Verkäuferin: »Die sind eine achtköpfige Familie, ist schon alles in Ordnung!« In einem Heftchen wurde abgestempelt, wie viel Butter ich gekauft hatte, denn auch das wurde genau zugeteilt. Heute ist es egal, wie viele Milchpacks oder Butterstücke man in den Wagen stapelt.

Auf dem Schulweg begegnete ich Katzen, entdeckte Ameisen, Grashüpfer oder glitzerndes Bonbonpapier. Oder ich unterhielt mich mit Schulfreunden. Jetzt sehe ich überall, wie die Kinder auf ihrem Schulweg im Laufen auf ihr Mobiltelefon gucken. Nur am Straßenrand schauen sie kurz auf. Selbst an der Bushaltestelle reden viele Kinder nicht mehr miteinander, weil auf dem Display ihres elektrischen Freundes etwas viel Wichtigeres stattfindet.

Dann überlege ich, was diese Kinder eines Tages berichten werden, wenn ihre Kinder betteln: »Papa (oder Mama), erzähl noch was von früher, als du Kind warst!«

Naja, vielleicht erzählen sie dann, welche Spiele sie geladen hatten und dass sie einmal einen Monat lang brauchten, bis sie ins nächste Level kamen. Oder ihnen fällt wieder ein, wie untröstlich sie weinen mussten, als das Ding einmal verloren ging, mehr als über das Kätzchen, das im Frühjahr weg lief.

Zum Glück aber gibt es ja noch Kinder mit ganz zerschrammten Knien, schmutzigen Händen und leuchtenden Augen.

Weil ich mir als Erwachsener viele Kinderlieder ausgedacht habe, fragten mich andere Erwachsene schon oft, woher ich die Ideen für die Lieder nehme. Manch einer glaubt, ich beobachte meine Kinder, und dann schreibe ich in einem Lied darüber.

Dabei waren diese Lieder schon da, bevor meine Kinder kamen.

Nein, ich habe mich oft an meine eigene Kindheit erinnert. Ich habe überlegt, worüber ich als Kind lachen musste, wovor ich Angst hatte, worüber ich weinte und was ich unheimlich spannend fand. Und da ich ja – dank der Langeweile – gelernt hatte, meine Phantasie zu benutzen, verknüpfte ich meine Erinnerung mit der Phantasie.

Die Geschichten »von früher«, die ich nun aufgeschrieben habe, sind nichts Besonderes. Im Pfarrhaus einer Kleinstadt bei Dresden habe ich sie erlebt, in der Schule, in meiner Bande, auf dem Friedhof, im Zirkus und in der Kirche. Der Krieg war etwa zehn Jahre zuvor zu Ende gegangen. Unser Land war geteilt. Unsere Lehrer sagten, wir würden im besseren Teil des Landes leben. Unsere Eltern schüttelten die Köpfe darüber. Ich hatte von nichts eine Ahnung und wollte alles kennenlernen.

Steinzeitmenschen

Eine Zeit lang schlief ich mit meinem ältesten Bruder im Doppelstockbett, er oben, ich unten. Ich war etwa fünf Jahre alt, mein Bruder neun. Was er alles wusste ... was er schon alles erlebt hatte ... manchmal durfte ich Zeuge seiner Abenteuer sein.

Sehr beeindruckt war ich an dem Tag, als er zu den Steinzeitmenschen ging. Er saß im oberen Bett und kündigte an, dass er gleich, sobald er sich die Bettdecke über den Kopf gezogen habe, einen Abstieg zu den Urmenschen machen werde. Wenn ich ein bisschen warten würde, dann würde er mir erzählen, wie es gewesen war.

Ich war einverstanden.

Er zog sich die Decke über den Kopf. Es wackelte, es rappelte unter der Decke. Einmal hörte ich ihn von Ferne »Hallo!« rufen, ihm antwortete noch ferner einer »Hallooo!« Dann hörte ich ein Brummen, Stöhnen und Ächzen. Es rappelte wieder unter der Decke. Endlich tauchte sein Kopf wieder auf. Er war heil zurück!!! Ich atmete auf.

»Junge, Junge, das war knapp!« keuchte er. »Ich musste mit einem Bären kämpfen, der das Lager der Urmenschen angriff. Hast du was gehört?«

Ich nickte eifrig.

»Hast du auch mit den Urmenschen gesprochen?« wollte ich wissen.

Er schüttelte den Kopf. »Die sprechen kein Deutsch, aber wir haben uns mit Handzeichen verständigt. Die haben gerade ein Lagerfeuer gemacht und luden mich zum Abendbrot ein. Aber wie gesagt: dann kam der Bär und ich musste ihnen helfen, den Bären zu vertreiben!«

Er zeigte mir einen Kratzer am Unterarm zum Beweis, dass der Bär ihn mit der Tatze leicht verletzt hatte. Mir lief ein Schauer über den Rücken.

»Tut mir leid, dass ich noch mal los muss, aber ich habe den Urmenschen versprochen, noch einmal zu kommen und ihnen einen Kanten Brot mitzubringen. Kannst du mir mal einen aus der Küche holen?!«

Ich huschte in die Küche, schnitt etwas Brot ab und reichte es ihm. Er klemmte es sich unter den Arm und stieg wieder unter der Decke zu den Urmenschen hinunter.

Diesmal rappelte es nicht so stark. Ich hörte von Fern am Lagerfeuer der Urmenschen ein Schmatzen und Grummeln. Sie aßen tatsächlich mit meinem Bruder Abendbrot!

Die Urmenschen sprachen unverständliche Laute. Mein Bruder rief ihnen zu: »Tschau! Doswidanja! Ahoi!«

»Viele Grüße von den Urmenschen, das Brot hat ihnen gut geschmeckt!« richtete er mir aus.

»Sind sie denn satt geworden davon?« fragte ich skeptisch.

»Quatsch, die hatten ein Mammut erlegt. Das Brot haben sie dazu gegessen.«

»Haben sie dir etwas abgegeben?«

»Klar Mann, ich bin so richtig vollgefressen!« Er rülpste und wischte sich zum Beweis noch mal mit dem Handrücken die letzten Fettspuren vom Mund.

Weil ich ein ganz kleines bisschen ungläubig guckte,

zog er ein Buch unter der Decke hervor, darin war ein großes Bild mit Urmenschen, die ein riesiges Tier am Feuer braten. »Das sind sie!« raunte er. »Das Buch haben sie mir geschenkt. Das darf ich behalten.«

Ich machte große Augen. Aller Zweifel war wie weggeblasen. Hier hatte ich den Beweis. Mein großer Bruder war mein Held. Ich wollte so werden wie er!

So wurde ich ein Held. Zumindest für meine kleine Schwester.

Schokoladentester

Wenn man vier große Geschwister hat, muss man immer wieder erleben, wie sie alles besser können, alles besser wissen und von oben auf einen herabschauen. Das muss man erst mal wegstecken. Und dann entdeckt man eines Tages, dass man ja noch eine kleine Schwester hat ... Und alles, was die großen Geschwister einem beigebracht haben, kann man nun endlich auch weitergeben.

So etwa war es jedenfalls bei mir.

Natürlich habe ich nie die Fiesheiten, sondern nur Gutes an meine kleine Schwester weitergegeben. Ihr könnt sie fragen.

Nun muss ich vorausschicken, dass meine kleine Schwester gelähmt ist und nie laufen konnte. Deshalb saß sie von klein auf in einem Rollstuhl. Sie konnte zwar nicht laufen, sonst aber war sie wie andere Kinder. Sie lachte gern und ließ sich gern Geschichten erzählen. Und sie mochte es, wenn jemand mit ihr spazieren ging. Deshalb schob auch ich manchmal ihren Rollstuhl durch die Gegend, mal in rasantem Tempo, mal im Slalom, manchmal auch normal. Immer wieder begegneten wir bei unseren Spaziergängen Leuten, denen die niedliche Kleine im Rollstuhl leidtat. Dann fragten sie mich, was die Kleine hat. Nun verzogen wir beide den Mund, weil wir es nervig fanden, warum sie mich und nicht sie selber fragen, aber höflich antwortete ich jedes Mal. Oft zogen dann solche Leute eine Tafel Schokolade oder ein paar Bonbons aus der Tasche und legten sie meiner Schwester in den Schoß. Auch wenn wir Besuch bekamen, erhielt meistens sie die Süßigkeiten. So sehr ich ihr ja die Leckereien gönnte, hatte ich es dennoch darauf abgesehen, ihr vor allem die Schokolade abzuluchsen. Nicht die ganze, aber ein, zwei, drei ... vier ... fünf Stück vielleicht.

Dass sie gern Geschichten zuhörte, sagte ich ja bereits. Hier sah ich eine Chance, an die begehrte Schokolade heranzukommen. Na gut, ein bis zwei Stück gab sie mir freiwillig. Dann aber musste ich mir etwas einfallen lassen ... Eine Geschichte ...

»Weißt du, dass ich einen so feinen Geschmack habe, dass ich herausfinden kann, woher ein Nahrungsmittel kommt und wer es hergestellt hat und all so etwas? Diese Limonade zum Beispiel ist hergestellt aus Quellwasser vom Erzgebirge und Zitronen, die aus Kuba stammen. Ein schielender Junge hat die Früchte gepflückt, seine Mutter hat sie verpackt und hierher geschickt. Hier wurde dann alles in einer Brauerei gemischt.«

Meine Schwester machte große Augen. Ich sah, sie glaubte mir. Ich konnte also weitermachen. »Gib mir mal ein Stück Schokolade, nicht so ein kleines, sonst geht es nicht!« forderte ich sie auf. Ich bekam das Stück und kaute bedächtig darauf herum.

Ich konzentrierte mich. Langsam schmeckte ich die ersten Details heraus ... »Auf jeden Fall kommt sie aus Südamerika, ich glaube Mexiko ... richtig: Mexiko, auf jeden Fall Mexiko, und zwar aus einem Dorf in den Bergen ... hmmm ... Gib mal noch ein Stück!«

Ich bekam das nächste Stück und konnte meine Geschmacksforschung weiter betreiben. »Ein altes Mütter-

lein, das mit ihrer Enkelin zusammen in einer Palmen-
hütte wohnt, hat die Kakaobohnen geerntet. Das Mädchen hat sie klein gehackt und zerstampft. Das Mädchen trägt ein buntes Hemd mit bunten Papageien.«

Ich musste zur »Geschmacksneutralisierung« einen
Schluck Wasser trinken und fragte, ob es sie überhaupt
noch interessiert, ich könne auch aufhören ...

»Nein, nicht aufhören, was schmeckst du noch?«

Ich ließ mir wieder ein ordentliches Stück geben und
vertiefte mich — meiner Schwester zuliebe — erneut.

»Die Alte und das Mädchen verkaufen das Kakao-
pulver einem feinen Herrn mit hoch gezwirbeltem
Bart. Er hat an jedem Finger einen Ring und ist Drei-
Sterne-Schokoladenkoch in Wien ...«

So ging das fort und fort, auch die Milch aus den Al-
pen konnte ich genau zuordnen, welche Kuh und wel-
cher Kuhjunge daran beteiligt waren, oder wie die Ja-
cke des LKW-Fahrers aussah, der die Milch ins Tal fuhr.

Ich musste allerdings aufpassen, dass ich nicht zu
dreist in zu kurzer Zeit all zu viel Schokolade forderte,
dann konnte es vorkommen, dass sie doch mehr Inte-
resse an ihrer Schokolade statt an meiner Geschichte
hatte.

Aber das musste sie doch zugeben: Mit Geschichte
schmeckt Schokolade einfach besser als ohne.

In der Badewanne

Wir hatten ein kleines Bad, in das ein Waschbecken, eine Waschmaschine und eine Badewanne hinein passten. Über der Badewanne hing der Badeofen, aus dem einmal in der Woche das heiße Wasser in die Wanne sprudelte. Meine Eltern hatten gelernt, sparsam zu sein, also steckten sie ihre drei Jungs miteinander in die Wanne. Das verbrauchte weniger Wasser und Energie, außerdem machte es uns mehr Spaß.

»Wer taucht am längsten unter?« wollten wir wissen. Erst tauchten wir alle drei auf einmal unter, bis einer schummelte und zwischendurch Luft holte. Fortan tauchten zwei und einer achtete auf Fairness, solange, bis der Sieger übrig blieb.

»Wer wäscht sich die Haare, ohne die Augen zuzuhalten und herumzujammern?« lautete eine andere wichtige Frage. »Wer kann unter Wasser verstehen, was über Wasser jemand spricht?« hieß es dann. »Wer kann unter Wasser singen?« Dabei verschluckte ich mich und hustete, bis ich knallrot war im Gesicht.

Wir tauchten auch mit offenen Augen nach Münzen, wohlgemerkt: zu dritt in der Badewanne, wir gurgelten, machten aus Schaum Berge, Wolken, weiße Perücken und Bärte.

Natürlich verglichen wir auch unsere Bauchnabel, Pimmel und wer die schrumpeligsten Hände kriegt.

Allein badete ich gar nicht gern, denn dann passierte garantiert etwas Blödes.

Zwei Beispiele? Bitte, hier sind sie:

Da mein Vater als Pfarrer auch Besuch von Menschen in Not bekam, versuchten meine Eltern zu helfen, so gut es ging. Einmal war eine Frau zu Besuch, deren Mann im Gefängnis saß, nur weil er sich über die Regierung lustig gemacht hatte. Vor der Badezimmertür schluchzte sie wegen dieser Ungerechtigkeit und darüber, dass sie nun so einsam sei.

Ich saß in der Badewanne und spitzte die Ohren, kein Plätschern, absolute Stille, nur draußen die Stimmen und das Weinen der Frau.

Plötzlich hörte ich meine Mutter sagen: »Vielleicht hilft ihnen unser kleines Kätzchen ein wenig, die Einsamkeit besser zu ertragen.«

Mein liebes, kleines, schwarzes Kätzlein, mit dem ich immer schmuste und spielte, wollte sie einer dahergelaufenen, fremden Frau einfach mitgeben? Und fragte mich nicht, geschweige denn das Kätzchen?

Ich hörte, wie draußen das Schluchzen verstummte.

Jetzt war ich es, der schluchzte.

Die Frau verabschiedete sich und ging mit meinem Kätzchen davon.

Ich saß kätzchenseelenallein in der Badewanne.

Das Badewasser stieg und stieg und wurde immer salziger ... −

Wenn ich allein badete, war ich im Nu fertig und rief: »Mutter!«

Kurz darauf etwas lauter: »Muutter!!!«

Schließlich: »Muuuuuuuuuuuuuuutter!«

Die kam auch sofort, trocknete mich ab, zog mir die Schlafsachen an und brachte mich ins Bett.

Jenes mal, als Mutter vergessen hatte, mir zu sagen, dass sie noch einmal fortgehen würde, vergesse ich

16

nie. Ich war fertig mit Baden und rief gewohnheitsmäßig: »Mutter! ... Muutter!!! ...Muuuuuuuuuuuuuutter!«

Ich guckte zur Tür ... ich lauschte ... nichts!

Erneut rief ich, nun entsprechend lauter: »Muuuutter! ... Muuuuuuuutter!!! ... Muuuuuuuuuuuuuuuuuuuuuuuuuuuuuuuuuuutter!«

Ungläubig starrte ich die Tür an. Wirklich! Nichts! Die Tür blieb zu! Sie kam nicht! Ich rief. Ich brüllte. Ich heulte. Ich kriegte Panik. Das Wasser wurde immer kälter. Ich aber rührte mich nicht vom Fleck. Mir fiel wirklich nichts besseres ein, als immer wieder tränenüberströmt mit heiserer Stimme »Muuuuuuuuuuuuuuuuuuuuuuuuuuuuuuutter!« zu rufen.

Nach einer Ewigkeit ging die Tür auf. Mein Bruder blaffte mich an. »Was schreist du denn so?!«

»Ich bin fertig. Mutter soll mich abtrocknen!« schluchzte ich.

»Die ist nicht da! Steig raus und trockne dich allein ab!«

Rummms! Zu war die Tür.

Da erst fiel der Groschen in meinem Gehirnstübchen, dass ich ja wirklich auch allein aus der Wanne steigen könnte, um mich selber abzutrocknen.

Das war eine wichtige Erkenntnis für den kleinen Gerhard.

Seitdem steige ich nämlich immer allein aus der Wanne, um mich selber abzutrocknen.

Die Ohrfeige

Als mich eines meiner Kinder fragte, was eine Ohrfeige sei, erklärte ich es ihm folgendermaßen.

Was Ohren sind, weißt du. Was eine Feige ist, auch ... so eine zuckersüße, weiche Südfrucht, klar! Und jetzt willst du wissen, was eine Ohrfeige ist? Zum Glück wissen das immer weniger Leute, denn es ist eine Gemeinheit, jemandem ins Gesicht zu schlagen. Genau das nannte man früher »Ohrfeige«. Und als ich Kind war, kriegten die meisten Kinder von ihren Eltern ab und zu eine Ohrfeige, und die Erwachsenen fanden das nicht weiter schlimm.

Ich bekam von meinem Papa die erste Ohrfeige an einem fröhlichen Morgen im Badezimmer und verstand überhaupt nicht, warum.

Das kam so:

Mein Papa stand, wie jeden Morgen, vorm Spiegel und schmierte sich mit einem Pinsel Seifenschaum um den Mund, das machte man vorm Rasieren so, und das sah sehr lustig aus, ein bisschen so wie ein Weihnachtsmann.

Ich lächelte meinen Weihnachtsmann-Papa an und sagte arglos: »Guten Morgen!«

Jetzt muss ich noch eine Erklärung einfügen. Meinem Papa waren gute Manieren sehr wichtig. Selbstverständlich sagte ich immer höflich »Bitte!« und »Danke!«, gab den Erwachsenen beim Gruß die Hand und guckte ihnen, wie es sich gehörte, ins Gesicht. Aber eine Kleinigkeit konnte ich mir nicht merken, die meinem

Papa aber sehr wichtig war, nämlich, dass man beim Grüßen auch den Namen nennt. Also:»Guten Morgen, Hannes!« oder»Guten Tag, Frau Dackelmann!«

Dass ich das immer vergaß, ärgerte meinen Vater. Deshalb genügte ihm mein»Guten Morgen!« nicht. Er wollte ja»Guten Morgen, Papa!« hören. Um mir auf die Sprünge zu helfen, dass ich da eine Kleinigkeit falsch gemacht hatte, brummte er griesgrämig:»Guten Morgen, Herr Meier!«

Ich wusste zwar nicht, warum mein Vater das so brummig sagte, dass er mich jedoch »Herr Meier« nannte, fand ich ganz lustig. Deshalb wiederholte ich: »Guten Morgen, Herr Meier!«

Ein Gewitter braute sich in seinem Gesicht zusammen, und ich verstand nicht, wieso. Er dachte nämlich, ich hätte genau verstanden, weshalb er das so mit Nachdruck gesagt hatte, und wäre nun auch noch so frech, ihn nachzuäffen.

Wie aus dem Mund eines Sheriffs, der mit gezücktem Colt einem Gangster gegenübersteht, kam deshalb noch einmal ein bedrohliches:»Guten Morgen, Herr Meier!«

Jetzt fand ich es nicht mehr so lustig, aber weil ich nun mal höflich erzogen war, tat ich meinem Vater den Gefallen und sagte auch noch einmal:»Guten Morgen, Herr Meier!«

Patsch!!!

In diesem Moment erfuhr ich absolut überrascht und aus heiterem Himmel, was eine Ohrfeige ist.

Ich kann es nur wiederholen: eine Gemeinheit!

Eine Ungerechtigkeit, die man sich manchmal sein Leben lang merkt.

Meine patente Mutter

Auf den Fotos im Fotoalbum meiner Mutter sah ich als Kind ein schlankes, sportliches Mädchen, das im schicken Auto mit seinem Vater zur Jagd fährt oder Handstand auf dem Rasen ihres Hamburger Hauses macht. Auf anderen Bildern trägt das knopfäugige Mädchen eine Schwesternhaube und hält auf jedem Arm ein Baby.

Wenn ich das Album zuklappte, sah ich meine Mutter, wie sie jetzt aussah: klein und rund, mit kräftigen Beinen und Armen, die ich mit zwei Händen nicht umfassen konnte.

Sie machte immer mehrere Sachen auf einmal, weil viel zu tun war in dem großen Pfarrhaus.

Mein Vater trocknete zwar manchmal das Geschirr ab oder nahm Salzheringe aus, weil sie das nicht mochte, sonst aber tat sie im Haus alles allein.

Das heißt, nicht ganz allein.

Sie war die Chefin, die plante und verteilte, welches Kind was zu erledigen hatte. Auch Besucher wurden mit eingespannt. Das Meiste aber blieb doch an ihr hängen: Windeln und Wäsche waschen, legen, bügeln und ausbessern, Riesenberge von Strümpfen stopfen und sortieren, kochen, Kinder verarzten, die Schularbeiten überwachen und den Garten gestalten.

Zu ihren Lieblingsbüchern gehörten die des Gärtners Karl Förster. Seinen Ideen eiferte sie nach. Unter ihrer Hand entstanden zwischen den Obstbäumen Gemüsebeete, Blumenrabatten, Kräuterbeete neben Beerensträuchern und Stauden. Ein Gartenteich musste angelegt werden, was sie meinen großen Brüdern übertrug, daneben wuchs eine Terrasse aus dem Boden, die bald von einer Trauerweide beschattet wurde. Der Garten war ihre Leidenschaft und blieb es so lange, bis sie keine Kraft mehr dafür hatte.

Da mein Vater sich in seinem Arbeitszimmer konzentrieren musste, sorgte Mutter dafür, dass er nicht gestört wurde.

Sie hatte uns eine hohe Schaukel mit verstellbarer Reckstange besorgt und erlaubte uns ziemlich viel, wenn wir draußen waren. Drin im Hause war es ruhiger und strenger. Damit mein Vater den Kopf frei hatte für seine Arbeit, richtete sie es immer so ein, dass sie dem Malermeister Bescheid sagte, wenn mein Vater für zwei oder drei Tage verreiste. Kaum war er zur Tür hinaus, räumte sie mit uns ein Zimmer aus, der Maler tat seine Arbeit, dann räumten wir wieder ein oder um. Sie war nämlich auch eine einfallsreiche Wohnungsgestalterin. All ihre Freundinnen sagten, an ihr wäre eine Innenarchitektin verloren gegangen.

Kam mein Vater zurück, so machte er große Augen, was sich während seiner Abwesenheit alles verändert hatte.

Andere »Pfarrfrauen« übernahmen ehrenamtliche Aufgaben wie die Leitung des Mütterkreises oder des Altenkreises mit Kaffeetrinken. So etwas war nicht nach ihrem Geschmack, dennoch hat sie auch außerhalb der Familie ihre Gestaltungslust nicht gezügelt. Als sie mit Vater die halb verfallene, alte Kirche unserer Stadt öffnete, sprudelten sofort ihre Ideen, was man aus diesem Kirchlein alles machen könne. Bald fanden hier regelmäßig Wochenschlussandachten, Sommerkonzerte und Lesungen statt.

Wäre meine Mutter nicht Mutter geworden, dann vielleicht so etwas wie Managerin einer Phantasiefirma. Es gab keine Feier, die sie nicht von Anfang bis Ende durchgeplant hätte. Sie mochte auf Feiern kein »dummes Gerede«, wie sie das nannte. Alles musste kulturvoll, anregend und nach einem festen Plan ablaufen. Das war zwar nicht nach jedermanns Geschmack, dennoch blieben ihre Feste allen Gästen unvergesslich, und noch im Alter zehrten meine Eltern von den Erinnerungen, wenn sie die Gästebücher durchblätterten, in denen die Lobeshymnen der Gäste verzeichnet waren.

Mein Vater war oft recht sensibel und grüblerisch. Seine Sorgen teilte er nur ungern mit. Um ihn ein wenig aufzuheitern, fand meine Mutter meistens einen Weg.

Wieder einmal hatte er sonntags mahnende Worte von der Kanzel gesprochen, mit einer Stimmlage, die nur für die Sonntagspredigten typisch war. Es war kein pastorales Gesalbe, sondern wirklich von Belang. Aber der Tonfall klang eher wie ein Rufen. Kaum betrat er danach die Wohnung, nahm Mutter ihn in den Arm und sagte sinngemäß: »Das hast du wieder richtig gut gesagt, Hänsel, aber die Art und Weise, wie du in der Kirche sprichst, ist so völlig anders als sonst. Sprich doch jetzt hier auch mal so!«

Er wusste wohl nicht genau, ob sie sich lustig machen wollte über ihn. Aber es war ihr ernst, sie wollte wissen, ob er hier auch so sprechen könne. Mein Vater holte Luft, um ihr den Wunsch zu erfüllen. Aber es ging einfach nicht. Er atmete wieder aus. Dann bekam er einen Lachanfall über sich selbst und den seltsamen Wunsch meiner Mutter.

Wenn er gar zu lange nicht gelacht hatte, konnte es vorkommen, dass meine Mutter ihn kitzelte, aber nicht etwa nur so ein wenig. Wie eine Sumo-Ringerin legte sich meine kleine, kräftige Mutter ins Zeug und drückte meinen Vater in eine Zimmerecke, wo er anfing zu quieken und zu wiehern. Dann kamen wir aus allen Zimmern gelaufen, um uns das anzusehen. Mein Vater hatte nasse Augen und einen roten Kopf vor Lachen, es gelang ihm aber nicht, sich aus ihrem Kitzelgriff zu befreien. Erst wenn er um Gnade flehte, gab Mutter ihn frei.

So verging ein Tag um den anderen, dass meine Mutter Zeit, Ideen und Kraft den familiären Anforderungen widmete. Etwas, das sie ganz für sich selbst tat, fehlte ihr lange Zeit, und das machte sie traurig.

Am Ende des Dachbodens gab es eine Kammer voller ausrangierter Möbel und Kartons mit Wechselsachen. Diese Kammer baute sie endlich für sich aus. Es wurde ein gemütliches Dachstübchen, durch dessen schräges Fenster nachts Mond und Sterne herein schauten. Und was sahen sie da?

Meine Mutter saß am Schreibtisch und schrieb Gedichte und Lieder, ordnete Fotografien, las Bücher und schrieb die Anfangssätze ihrer Lieblingsbücher auf, die sie zu einer speziellen Sammlung arrangierte.

Und als ein Kind nach dem anderen das Haus verließ, war sie nicht unglücklich, sondern freute sich auf die kommenden Jahre, in denen endlich all das aufblühen und fruchten sollte, was so lange in ihr geschlummert hatte.

Mein geheimnisvoller Vater

Meine Mutter war immer erreichbar, und ich nahm es als selbstverständlich hin, dass sie immer da war.

Anders bei meinem Vater. Er saß mit uns bei den Mahlzeiten am Tisch, wo er auf Ruhe und Benehmen achtete. Ansonsten war er außer Haus oder in seinem Arbeitszimmer. Das hieß »Studierzimmer«, kurz »Studi«. Hier durften wir nur in Ausnahmefällen und nach vorherigem Klopfen stören.

Am Morgen las mein Vater die »Losungen«, also kurze Bibelstellen. Vor und nach den Mahlzeiten wurde gesungen oder gebetet. Bei besonderen Anlässen, wenn Angehörige krank waren oder Katastrophen für Schlagzeilen sorgten, bat er Gott um Hilfe oder um Lösungen, noch wichtiger war ihm das Dankgebet.

Geschmust und gekuschelt wurde in meiner Kindheit fast gar nicht. Da ich es damals nicht anders kannte, fehlte es mir auch nicht bewusst. Erst als ich selber Vater wurde und es genoss, mit meinen Kindern zu kuscheln und zu schmusen, wunderte ich mich darüber, warum das bei uns zu Hause nicht so gewesen war.

Weil ich meinen Vater viel mehr entbehrte, hing ich besonders an ihm. Fast alles, was er tat, fand ich gut und richtig. Sprechen hörte ich ihn vor allem beim Predigen in der Kirche oder bei Tisch, wo er gern kleine Sprachlektionen erteilte. Er ging den Worten auf den Grund, erklärte uns ihre Wurzeln, auch wenn sie aus

dem Griechischen oder Lateinischen stammten, oder er machte uns auf andere Zusammenhänge der Sprache aufmerksam.

Er interessierte sich aber nicht nur für die Sprache. Seine Entdeckerfreude, auch an Naturphänomenen, konnte anstecken sein. Unter anderem interessierte er sich für das Phänomen der Links- und Rechtswindung von Samenständen. Plötzlich entdeckte er dieses Wunder aber überall. Begeistert erzählte er meiner Mutter, dass er herausgefunden habe, dass sich Taubenkot immer nur in eine Richtung winde.

Er bildete sich auf seine Bildung nichts ein und wollte, dass alle verstanden, was er sagte. Spezialbegriffe und Fremdworte mied er und erklärte alles so anschaulich, dass jeder ihm folgen konnte.

Dennoch umgab meinen Vater immer auch etwas Geheimnisvolles. Seine Räume hatten ganz eigene Gerüche, auch mochte er exotische Dinge. Er rauchte Pfeife, trank Schwarztee, dem er spezielle Gewürze beifügte. Eine Tante hatte ihm von einer Reise in die Mongolei eine Packung mongolische Weihrauchstäbchen mitgebracht. So etwas habe ich in meiner Kindheit nirgendwo anders gerochen. Abends genoss er gern Rotwein aus seinem Silberbecher und entzündete dann eins der besonderen Räucherstäbchen. Morgens lüftete dann meine Mutter und klagte über den Gestank. Ihrer Meinung nach roch es morgens nach unausgespültem Nachttopf. Sie vermutete schließlich, die mongolischen Hirten verwendeten zur Herstellung dieses Zeugs Kamel-Urin.

Manchmal stöberte ich heimlich in seinem Schreibtisch. Auch da war alles geheimnisvoll. Nicht nur Notizbücher, Buchmanuskripte und seltene Papiere, auch interessante Schatullen und Döschen fand ich darin. Aus der Kriegsgefangenschaft hatte er sich Kalmuswurzel mitgebracht, die kleingeschnitten in einem Döschen lag und ab und zu als eine Art Naturkaugummi in den Mund wanderte. Sein Not-Abendmahlsgerät stand hier, ein silbernes Schraubfläschchen für den Messwein, eine Dose mit Hostien und ein kleiner Silberkelch, der innen vergoldet war. Diese Dinge packte er in seine Aktentasche, wenn er zu Schwerkranken oder Sterbenden gerufen wurde.

Im Keller war sein »Bunker«, ein kleiner Raum mit einem Fensterchen über der Arbeitsplatte. Das war seine Grafikwerkstatt. Hier roch es immer nach Terpentinöl. Meist nachts arbeitete er hier an Holz- und Linolschnitten, er batikte und veredelte gern Gebrauchsgegenstände. Die großformatigen Linolschnitte mit der jeweiligen Jahreslosung verkaufte er an Kirchgemeinden.

Vielgestaltig war die Arbeit am Tag: Christenlehre und Konfirmandenunterricht halten, Hausbesuche machen, die Leitung verschiedener Kreise übernehmen, regelmäßige Andachten im Altersheim und in der Lungenheilstätte, die leidigen Kirchenvorstandssitzungen und schließlich die Vorbereitung der Sonntagspredigten.

Genauso vielgestaltig aber war die Arbeit, die er auf die Nacht verlegte. Neben den grafischen Arbeiten war das die Lust am Erzählen. Einige Erzählbände schrieb er im Laufe der Jahre für einen christlichen Verlag. Vom Erlös des ersten Kinderbuches »Mutters Helfer« wurde, als ich noch ein Baby war, die Küche gekachelt, vom nächsten bezahlte er die Holzvertäfelung im Kinderzimmer. So hatten Vaters Nachtschichten auch eine sehr praktische, nützliche Seite für unsere Familie.

Er hat uns nicht viel aus seiner Kindheit erzählt. Öfter erwähnte er, wie er an der Hand seiner Mutter durch die Dresdner Heide ging. Seine einfache, bescheidene Mutter, die nicht lang die Schule besucht hatte, konnte jedes Kräuterlein, jeden Baum und jedes Insekt beim Namen nennen, ebenso Pilze, Steine und Wolkenformationen. Täglich betete sie mit ihm den Psalm 23: »Der Herr ist mein Hirte, mir wird nichts mangeln«. Dieser sein Lieblingspsalm war die innige Verbundenheit zu seiner Mutter, auch noch, als er selbst schon alt war.

Dass Kinder aus Pfarrhäusern nicht bei den »Jungen Pionieren« waren, wie fast jedes andere Kind, war nicht so ungewöhnlich. Mit eindeutig politischen Äußerungen hielt sich mein Vater eher zurück. Unkritisch waren seine Predigten dennoch nicht. Seine Kritik setzte aber bei ihm selber und den anwesenden Zuhörern an und nicht bei »denen da oben«.

Von Zeit zu Zeit stand auch in der DDR eine Wahl an. Überall las ich die rätselhafte Losung: »Wählt die Kandidaten der Nationalen Front!«

Mein Vater erklärte uns, dass das gar keine richtige Wahl sei, sondern ein Betrug. Die Parteien würden sich kaum unterscheiden. Die Regierung wolle nur die Untertänigkeit des Volkes prüfen. Das sei so ähnlich wie damals, als das Volk Israel in Gefangenschaft um das »Goldene Kalb« tanzen sollte. Weil er aber nur Gott und keinen Götzen dienen wolle, gehe er auf keinen Fall zur Wahl.

Im Laufe des Tages kamen dann Abordnungen der

Stadt in unser Haus. Vormittags kamen Junge Pionie-
re, die meinen Vater freundlich daran erinnerten, dass
heute die Wahl stattfände. Gegen Mittag kamen dann
Jugendliche im Blauhemd, die mit meinem Vater diskutieren wollten. Sie warfen ihm vor, er wäre gegen
den Frieden und mache sich zum Handlanger der Im-
perialisten, wenn er nicht wählen ginge.

Eine Stunde vor der Schließung der Wahllokale klingelte noch eine Abordnung des Bürgermeisters, die
die Wahlurne mitbrachte. Ihr Ton klang ziemlich bedrohlich. Schließlich hatten sie gehofft, sie könnten
eine hundertprozentige Wahlbeteiligung »nach oben«
melden. In dieser Abfolge wiederholte es sich bei jeder
Wahl.

Einmal aber gab es eine Steigerung. Vaters unmiss-
verständliche Ablehnung führte dazu, dass am Spät-
nachmittag ein Lautsprecherwagen durch die Stadt
zuckelte. Aus dem Lautsprechertrichter, der auf das
Dach eines kleinen Lieferwagens montiert war, plärrte
immer wieder, an jeder Straßenkreuzung aufs Neue:

»Achtung! Achtung! Hier spricht der Stadtfunk! Pfarrer Schöne war bis zu diesem Zeitpunkt noch nicht zur
Wahl!«

Die Veröffentlichung des Wahlboykotts meines Vaters erreichte aber genau das Gegenteil ihrer Absicht.
In den folgenden Tagen erntete mein Vater viel Schul-
terklopfen und Anerkennung hinter vorgehaltener
Hand, auch von Leuten, die nicht zur Kirche gingen.

So unterschiedlich auch meine Eltern in ihrem Tem-
perament waren, so gut ergänzten sie einander und
blieben ein Liebespaar bis ins hohe Alter.

Wieder einmal hatte meine Mutter in Vaters Abwesenheit die Küche renoviert. Deshalb ärgerte es sie besonders, als ihr schon kurz darauf ein Malheur widerfuhr.

Der Herd war einen Moment unbeaufsichtigt geblieben. Auf der gusseisernen Pfanne lag außerdem kein Deckel. Als sie zurückkam, sah sie die Bescherung: Oberhalb der Kacheln war die frisch gestrichene Wand mit dicken Fettspritzern übersät.

Mein Vater sah sich mitfühlend das Unglück an. Dann hatte er eine Idee.

Er holte sein Malzeug aus dem »Bunker« und malte um jeden Fettspritzer einen Kranz von Blütenblättern. Eine Blume nach der anderen wuchs unter seinen Händen aus der Wand. Und jede Blüte besaß eine fein schimmernde, gelbliche Mitte. Jetzt war mein Vater aber erst in Schwung gekommen. Die Blümchen reichten ihm nicht. Ein Ochse musste noch schnaubend durchs Blumenbeet galoppieren. Mit großzügigen Schriftzügen fügte er schließlich einen Bibelspruch hinzu:

»Lieber eine Schüssel Suppe mit Liebe, als ein gemästeter Ochse mit Hass.«

Morgen oder Abend

Jeder, der große Geschwister hat, weiß: Die sind immer sehr nett.

Ach nein? Nicht?

Na gut, ich dachte es mir, schließlich hatte ich selber zwei große Brüder und zwei große Schwestern.

Nun ja, die Schwestern waren ganz in Ordnung.

Aber die Brüder ...

Ich war acht Jahre alt und musste in den Sommerferien früh gegen sieben Uhr aufstehen. Zu meinen Aufgaben gehörte es, gleich nach dem Anziehen hinten im Garten Johannisbeeren zu pflücken, die unsere große Familie dann zum Frühstück – im Müsli zum Beispiel – verzehrte.

Ins Bett ging ich ebenfalls schon gegen sieben Uhr, natürlich sieben Uhr abends.

Wahrscheinlich war ich an jenem Abend sogar noch eher ins Bett gegangen, weil ich nach dem langen Ferientag einfach sehr müde war. Ich hatte tief geschlafen. Da rüttelte mich mein großer Bruder Michael an der Schulter und rief: »Gerhard, aufstehen, es ist schon fast halb acht! Wir wollen gleich frühstücken! Los, geh Johannisbeeren pflücken!«

Ich sprang aus dem Bett, zog mich flink an und lief mit dem Milcheimer in den Garten, um die Beeren zu pflücken. Es war aber nicht halb acht am Morgen, sondern halb acht am Abend, ich hatte nur kurz geschlafen. Ich fühlte mich aber ausgeruht und ahnte nicht, dass mir ein Streich gespielt wurde. Kurz darauf kam meine Mutter von einem Besuch nach Hause. Als sie mich zu dieser Abendstunde im Garten erblickte, fragte sie mich, was ich da tat.

»Na, Johannisbeeren pflücken!«

»Aber doch nicht um diese Zeit!« entgegnete sie.

Ich deutete zur Kirchturmuhr und wunderte mich: »Wieso? Ich pflücke doch immer um diese Zeit die Beeren!«

»Aber doch nicht am Abend!« Meine Mutter wurde ungeduldig.

»Es ist doch Morgen!« beharrte ich und glaubte, sie mache einen Scherz.

»Frag doch den Nachbarn!« schlug meine Mutter vor.

Also rief ich dem Nachbarn, der auf dem Balkon Blumen goss, zu: »Herr Würkert, können Sie mir bitte mal sagen, ob es jetzt früh oder abends ist?«

Der Nachbar, der dachte, ich wolle ihn ein bisschen veralbern, machte den Spaß mit und antwortete prompt: »Früh, selbstverständlich!«

»Hast du's gehört, Mama?« triumphierte ich.

Meine Mutter hatte keine Lust mehr auf Diskussionen und schleppte mich ins Bett.

Ich weinte, weil ich nicht verstehen konnte, weshalb ich neuerdings noch vor dem Frühstück wieder ins Bett sollte.

Mein Bruder aber kicherte unter seiner Bettdecke vor sich hin.

Wirklich, so gemein kann nur ein großer Bruder sein!

Fernsehabend

In meiner Kindheit waren Fernsehgeräte noch eine Seltenheit. Wir jedenfalls hatten keinen Fernseher. Mein erstes Fernseherlebnis war deshalb ein Ereignis. Eine Familie aus unserer Kirchengemeinde lud uns zum Schaulaufen der Eiskunstlauf-Weltmeisterschaft ein. Unsere ganze Familie, bestehend aus Eltern und sechs Kindern, davon eins im Rollstuhl, stand mit Blumenstrauß und Knabbergebäck bei den Leuten vor der Tür. Sie hatten selber zwei Kinder, die sich gleich in ihre Zimmer verzogen, als sie uns sahen. Der Kater musste seinen Stammplatz auf dem Sofa verlassen, damit meine Eltern dort sitzen konnten. Wir Kinder verteilten uns auf dem weichen Teppich.

Zum ersten Mal hörte ich die Stimme des Sportreporters Heinz Florian Oertel, der uns Neulingen erklärte, was hier gemacht wurde, wie die Eiskunstläufer hießen und auch, wie ihre Drehungen und Sprünge genannt werden. »Rittberger« hieß einer, obwohl hier, wie gesagt, Eiskunstlaufen und nicht etwa Bergsteigen oder Reiten gesendet wurde. Andere nannten sich »Toeloop« oder »Axel« oder »Doppelaxel«. Er erklärte die Art der Kostüme, die Frisuren, ob die Sportler gerade dem Publikum zuwinken oder eine Pirouette drehen, Sachen, die doch jeder sehen konnte.

Unser Gastgeber, der in Sachen Eiskunstlaufübertragung ein alter Hase war, erklärte, dass die Übertragung zur selben Zeit im Radio laufe. Deshalb müsse der Reporter den Radio-Hörern alles beschreiben. Der

Reporter lobte besonders unsere Sportler, obwohl wir die anderen auch gut fanden. Unsere Gastgeber und meine Eltern sagten abwechselnd oder im Chor: »Ah!« und »Oh!« und »Donnerwetter!« und »Nein!«

Wir Kinder kommentierten, wenn einer stolperte und hinfiel. Dann sagten wir: »Bumms!« oder »Au Backe!« oder »Oh-oh ...« Da wir Kinder selber alle ein wenig Rollschuhlauf machten (bis auf unsere Schwester im Rollstuhl), fanden wir das Ganze nicht schlecht und machten aus vollem Herzen anerkennende Geräusche. Ich staunte auch, dass niemals einer, der gefallen war, heulen musste, wie ich oder sitzen blieb und wartete, dass er ein Pflaster aufs Knie geklebt kriegte. Ganz im Gegenteil! Die sprangen blitzschnell wieder auf die Beine, liefen weiter und lächelten sogar noch. Nur der piepsige Klang des Fernsehers tat in den Ohren weh und die Musik klang kratzig.

Als in der Pause das Eis in der Halle und die Limonade in unseren Gläsern erneuert wurden, hatte der Gastgeber die Idee, den Ton des Fernsehgerätes wegzudrehen, dafür das Radio anzuschalten. Das war doch ein ganz anderer Klang! Die Musik und Heinz Florian Oertel klangen jetzt herrlich. Es hatte nur einen Haken: Als die Darbietungen wieder losgingen, bemerkten wir es: Im Radio sagte der Reporter bereits Dinge voraus, die erst zwei bis drei Sekunden später im Fernseher zu sehen waren. »Ein herrlicher Rittberger!« jubelte er, dabei nahm der Läufer erst Anlauf. Jetzt waren wir auch schon vorgewarnt, wenn jemand hinfiel. »Oh, so ein Pech!« hörten wir Herrn Oertel sagen, als die Läuferin noch ihre Pirouette drehte – als sie dann auch im Fernseher hinfiel, riefen alle im Zimmer: »Oh, so ein Pech!«

Das machte Spaß. Unsere Eltern und die Gastgeber lachten sich an, und alle im Zimmer wiederholten fortan die Kommentare des Reporters in dem Moment, wenn wir es im Fernseher sahen. Heinz Florian Oertel war unser Souffleur, und wir waren das Chor-Echo des Reporters.

Von dem Gelächter im Zimmer angelockt, steckten die Kinder unserer Gastgeber die Köpfe zur Tür herein. Irritiert guckten sie in unsere lachenden Gesichter. Dann fiel bei ihnen der Groschen, worin der Spaß bestand. Sie hockten sich nun ebenfalls zu uns und machten das lustige Spiel mit.

Auf dem Nachhauseweg, im Dunkeln, zeigten meine vier älteren Geschwister auf den zugefrorenen Pfützen die Toeloops, Rittberger und Doppelaxel. Ich sagte vorher bereits an, was sie gleich machen würden. Denn ich war Heinz Florian Oertel. Ich schob meine kleine Schwester im Rollstuhl und betonte immer wieder, dass unsere Sportler wieder einmal ganz besonders herausragende Leistungen gezeigt hätten.

Zirkus

Unsere kurze Straße endete auf einem freien Platz, der von Feldern umgeben war, durch welche sich ferne die Straßenbahn schlängelte.

Auf diesem Platz spielten wir oft Zirkus. Meine Brüder hatten sich ein Fahrrad umgebaut. Darauf machten sie Kunststücke, mal allein, mal zu zweit. Ich war das Publikum und klatschte.

Dass wir hier immer wieder Zirkus spielten, hatte einen Grund. Denn auf diesem Platz baute wirklich ab und zu ein Zirkus sein Zelt zwischen den Wohnwagen auf.

Die großen, internationalen Zirkusse besuchten natürlich nicht unser Städtchen, aber die kleinen Familienzirkusse, die kamen, waren sowieso viel interessanter. Da machte jedes Familienmitglied die unterschiedlichsten Arbeiten. Wir verfolgten, was die Zirkusleute taten, wie sie die Pflöcke einschlugen, die Masten setzten, das Zelt hochzogen und die Zuschauertribünen aufbauten. Wir fütterten den Elefanten, der auf der Wiese graste, und fragten die Zirkuskinder aus. Da meine Brüder Reiterfahrungen hatten, durften sie die Ställe mit ausmisten.

Am Rand des Platzes reichten die Wasseranschlüsse nicht aus. So kam es, dass die Zirkusleute manchmal bei uns klingelten und fragten, ob sie bei uns ihre Wäsche waschen könnten. Da wir damals noch keine Waschmaschine besaßen, hieß das, dass die Zirkusleute unsere Waschküche benutzen durften. (Eine Wasch-

küche war ein Raum im Keller, in dem man ordentlich mit Wasser spritzen durfte, weil in der Mitte ein Abfluss eingebaut war. In der Ecke stand ein riesiger, beheizbarer Wasserkessel. Darin wurde die Wäsche in Seifenlauge gekocht, gerührt und später gespült.)

Also kam ab und zu eine Artistin mit vollem Wäschekorb zu uns, wusch ihre Wäsche und hängte sie zum Trocknen auf die Leine. Manchmal brachten welche ihre Kinder mit. Als Dank schenkten sie uns Freikarten für die ganze Familie.

Bevor eine Vorstellung begann, musste die Großmutter der Familie erst die Hühner hinaus scheuchen, die während des Einlasses in den Pferdeäpfeln nach unverdauten Haferkörnern gesucht hatten. Der Zirkusdirektor, der die Vorstellung eröffnete, war zwei Nummern später Kunstreiter, dann »Dummer August«, später sprengte er Eisenketten mit seiner Brust und spuckte Feuer. Seine Frau tanzte auf dem Seil, sie war Messerwerferin und in der Pause Eisverkäuferin. Die Kinder spielten auch in vielen Nummern mit: Tanzeinlage, Clownerie, Entendressur und Assistenten des Zauberers. Die Oma saß am Rand der Manege. Sie schaltete das Tonband ein und aus, spulte vor und zurück, wenn eine Musik nicht ganz die Länge der Nummer hatte, oder haute mit einem Stock aufs Schlagzeugbecken, wenn ein Tusch erklingen sollte.

Wir freundeten uns manchmal ein bisschen mit den Zirkuskindern an. Ich hoffte, meine Eltern könnten die Eltern dieser Kinder überreden, für ein, zwei Wochen mal die Kinder zu tauschen, so dass deren Kinder mal »Pfarrerskinder« spielen und wir mitreisen dürfen ... Doch meine Eltern fragten nicht.

Einmal spielte ein Zirkusmädchen mit mir in unserem Sandkasten. Dieses Mädchen konnte ich in Erstaunen versetzen, weil ich vorhersagte, was gleich passieren würde.

Da gleich neben unserem Haus die Kirche stand, wusste ich, dass die Kirchenuhr vor jeder vollen Stunde ein rasselndes Geräusch machte. Dann rasselte da oben nämlich ein Gewicht an einem Stahlseil langsam nach unten, und die Glocken schlugen kurz darauf die Stunde. Sieben Uhr zum Beispiel schlug die Glocke sieben Mal.

Als es leise zu rasseln anfing, steckte ich einen Stock in den Sand und sagte zu dem Mädchen: »Wenn ich an diesem Hebel ziehe, dann schlagen auf dem Kirchturm die Glocken!«

Das Mädchen guckte mich skeptisch an. Ich zog beherzt am Stock, und tatsächlich schlug die Glocke oben fünf Mal.

Ich genoss es, dass ein Mädchen, das mit Zauberern, Feuerspuckern und Kunstreitern lebte, mich derart bestaunte, weil ich unglaubliche Fähigkeiten besaß!

Im Zirkus mochte ich besonders die Clowns. Der beste von allen war ein Musikclown, der – wie ich glaubte – jedes Instrument spielen konnte. Ich selber hatte gerade angefangen, Geige zu lernen, und wusste, wie schwer das ist. Dieser Musikclown aber konnte Geige auf seinem Rücken spielen oder mit den Saiten nach unten oder im Laufen zwischen den Beinen! Dann kam er mit einem Cello, hielt es wie eine Riesengeige ans Kinn und spielte! Schließlich hob er seinen Hut hoch. Da lag auf seiner Glatze ein winziges Geiglein, auf dem er ebenfalls ein Lied fiedelte.

An diesem Tag stand mein Berufswunsch fest: Ich wollte Musikclown werden! Endlich sah ich einen Sinn darin, Geige zu üben, denn ich hatte ein Ziel vor Augen!

Traurig war die Abreise eines jeden Zirkus'. Dann gingen wir auf den leeren Platz. Pferdeäpfel und Stiele der Zuckerwatte lagen noch herum, und dort, wo sich die Manege befunden hatte, lagen nur noch die Holzspäne. Meine Brüder holten ihre Fahrräder, die waren plötzlich Pferde, sie selber schwangen sich als Kunstreiter in die Sättel. Ich aber war nicht länger nur Zuschauer. Nun war ich der Clown! Ich pflückte ein Löwenzahnblatt und einen Löwenzahnstängel ab und spielte auf meiner winzigen Geige.

Rummelplatz

Auf dem Platz, der für die Zirkusleute reserviert war, bauten auch fast jedes Jahr einmal Schausteller ihre Buden, Karussells, Autoscooter oder ein Riesenrad auf.

Meine früheste Erinnerung an den Rummelplatz ist diese: Wir hatten Vater, der sonst ein sehr ernsthafter Mensch war, überredet, mit uns auf den Rummel zu gehen. Er versprach, jeder dürfe sich etwas aussuchen, egal, ob Karussell, Losbude oder Zuckerwatte. Nur die Schießbude war ausgeschlossen. Im Krieg hatte mein Vater eine Kopfverletzung erlitten und fand Schießen gar nicht lustig.

Meine zwei großen Schwestern liefen zur »Walzerbahn«. Ein Karussell war das, dessen Gondeln sich während einer rasanten Berg- und Talfahrt drehten. In der Mitte der Walzerbahn tanze ein holzgeschnitztes Pärchen auf einer Glitzerkugel. Von dort aus wurden tausend Sterne an den Karussellhimmel geworfen.

Meine Schwestern fanden die Walzerbahn auch deshalb aufregend, weil am Rand lauter große Jungs standen, die pfiffen und ihnen etwas Witziges oder Freches nachriefen. Manchmal sprang auch ein Rummelbursche mit tätowierten Armen von hinten auf die Gondel und bot den Mädchen eine Gratisfahrt an ... für einen Kuss!

Meine Schwestern kicherten und schüttelten die Köpfe.

Meine beiden Brüder wollten lieber auf die Überschlagschaukel. Bei dieser Schaukel musste man die

Füße durch Laschen am Gondelboden stecken. Das diente der Sicherheit, damit man beim Überschlag nicht raus purzelte. Mit etwas Mut und Geschick überwanden meine Brüder dann den höchsten Punkt und sausten mit Schwung in den nächsten Überschlag. Die beiden beherrschten das ziemlich gut, und ich guckte mit offenem Mund zu. Sogar mein Vater vergaß zu atmen. Erst als sie wieder ausstiegen, entspannte er sich und klopfte ihnen anerkennend die Schultern.

Mir war das zu gefährlich, und auf die Walzerbahn mit den tätowierten Kerlen hatte ich auch keine Lust. Zuckerwatte war mir zu klebrig, das Kinderkarussell zu babyhaft, die Schießbude fiel aus, blieb also nur die Losbude übrig.

Mein Vater ließ mich mein Los ziehen und zog selber eins. Er erklärte mir, ich müsse nun auf die Nummer achten. Die Losbude war über und über mit Spielzeug und buntem Kram behängt. Daran steckten Nummern. Eine Mandoline und eine Trompete hatten zum Beispiel sehr hohe Nummern, ich glaube 500 und 800. In der Mitte in einer Glasvitrine, auf der eine 1000 klebte, lag ein rotes Akkordeon mit goldenen Zierleisten. Das war der Hauptgewinn. Ganz vorn, für ein, zwei Punkte, lag ein Haufen Ramsch: Papierblumen, Tröten und Knallfrösche.

Mein Vater wickelte sein Los auf. »Niete!« stand darauf und »Kauf noch ein Los!« Mein Vater schüttelte den Kopf und guckte mir über die Schulter. Ich rollte das Papier auseinander, und da stand diesmal nicht »Niete!« Eine Zahl. Eine lange Zahl mit einer Eins am Anfang, der drei Nullen folgten … Ich hatte den Hauptgewinn, die 1000 gezogen! Ich kleiner Kerl räumte mit einem Los für zwanzig Pfennige das Prunkstück dieser Bude ab!

Der Losverkäufer wendete mein Los hin und her und wurde ganz blass. Er läutete, wie immer in solchen Fällen, die Glocke und verkündete über den ganzen Rummelplatz, dass soeben der Hauptgewinn gezogen wurde, aber viele, viele andere großartige Gewinne noch auf ihre Gewinner warteten ... Neugierige umringten uns. Einige kauften bei seiner Frau weitere Lose. Er aber öffnete seine Vitrine und hob das schmucke Akkordeon heraus. Kurz hängte er es sich noch einmal um und spielte langsam, dann immer schneller werdend, das russische Volkslied »Kalinka«. Schließlich strich er mir über den Kopf, gab aber nicht mir, sondern meinem Vater das wertvolle Instrument. Er seufzte, dass heute sein Pechtag sei. Er würde sich sehr, sehr schweren Herzens von diesem Instrument trennen. Er hätte es gern in »berufene Hände« gelegt, wie er sich ausdrückte, und nicht an einen Jungen gegeben, der es womöglich durch unsachgemäße Handhabung kaputt machte. Dabei sei dies wirklich ein gutes Instrument. Er habe es selbst aus der Sowjetunion mitgebracht.

Langsam verschwand die Freude über den Gewinn aus dem Gesicht meines Vaters, und er guckte fast so bedripst wie der Losverkäufer.

Beim Abendbrot gab's viel zu erzählen. Meine Mutter beglückwünschte mich zu meinem Gewinn. Natürlich probierte ich das Akkordeon vorm Zubettgehen aus. Aber das klang noch nicht so recht nach Musik. Ich würde wohl noch lange, lange üben müssen, bis ich so spielen konnte wie der Losverkäufer.

Jedoch zu den Übungsstunden auf dem Akkordeon kam es nie. Meinem Vater hatte die Traurigkeit des Losverkäufers so zugesetzt, dass er keine Ruhe fand. Und während ich im Bett lag und von meiner Tournee als Wunderkind durch die Konzerthallen dieser Welt träumte, während ich an Litfaßsäulen in Paris, Moskau, Mailand und New York vorbei schlenderte, von denen ich, ein blasses Kind mit abstehenden Ohren, herab lächelte ... trug mein Vater das Instrument zurück und tauschte es gegen einen Teddy ein.

Am nächsten Morgen zeigte mir mein Vater den hübschen Teddy. Ich mochte ihn sofort, und das Akkordeon war bald vergessen.

Der Teddy aber wurde mein Freund, der bis heute bei mir wohnt.

Nur ein bisschen ramponiert ist er unterdessen, genau wie ich.

Wunder der Elektrizität

In unserem Badezimmer stand eine altertümliche Heizsonne aus weißem Porzellan. Durch ein Metallgitter guckte man auf die rot glühenden Drahtwindungen, deren Hitze von einem verspiegelten Blech reflektiert wurde.

Meine großen Brüder zeigten mir einmal, als die Eltern gerade nicht in der Nähe waren, dass man hier ein tolles Experiment machen kann. Dazu muss man durch das Gitter spucken. Die Spucke landet auf dem verspiegelten, heißen Blech, auf dem sie dampfend und zischend herumtanzt. Und plötzlich ist sie weg. Allerdings nicht hundertprozentig. Nein, ein ganz kleiner Rest der Spucke bleibt als Kohlekrümel zurück. Gern wiederholte ich, wenn ich allein im Bad war, dieses Wunder wieder und wieder.

Einmal hatte ich – in der Badewanne sitzend – Zielspucken nach der Heizsonne gemacht. Ich traf fast immer. Dann aber bemerkte ich, dass sich einfach viel zu viele Kohlekrümel auf dem Blech angesammelt hatten.

Ich stieg aus der Wanne und besah mir die Geschichte aus der Nähe. Das sah nicht gut aus ... Ich wollte nicht, dass meine Eltern hinter das Geheimnis der schwarzen Krümel kamen. Also nahm ich mir eine Nagelschere vom Sims, um die Krümel aus der Heizsonne herauszupulen.

Wahrscheinlich, weil ich noch keinen Physikunterricht hatte, war mir nicht klar, dass die Heizspiralen meiner Heizsonne von elektrischem Strom gespeist werden. Ich hätte dann auch gewusst, dass die Elektrizität von Metall (meiner Nagelschere) geleitet wird, wenn es nass ist, noch besser! Davon bekommt man einen Stromschlag! Das tut weh! Dabei kann man umkommen! Das alles hätte ich gewusst ...

Ich aber hockte ahnungslos und pitschnass vor der Heizsonne, hielt mich mit einer Hand an der vollen gusseisernen Wanne fest und stocherte mit der Schere zwischen den Heizspiralen herum.

Plötzlich machte es »BUMM!«

Etwas Schmerzhaftes durchzuckte meinen Körper. »BUMM!« machte es in mir. Die Badewanne aber gab einen tiefen Laut von sich, der wie »GONG!« klang, so als ob eine große Glocke leise geschlagen hätte. Gleichzeitig ging im ganzen Haus das Licht aus.

Erschüttert, aber lebend hockte ich im Dunkeln vor dem Heizgerät, das nun auch nicht mehr rot schimmerte, und hörte draußen meine Eltern ganz verwirrt reden, warum nur die Sicherung herausgesprungen wäre ...

Dann ging das Licht überall wieder an, und das Heizgerät schimmerte wieder rot.

Ich hockte immer noch nackt und fast trocken vor dem Ding und hatte begriffen, was ein elektrischer Schlag ist.

Meinen Eltern übrigens erzählte ich kein Wort davon. Man konnte ja nie wissen: Würden sie mich trösten oder mit mir schimpfen?!

Schule

Wenn ich an meine Schulzeit denke, dann fallen mir leider nur wenige schöne Sachen ein, vor allem jedoch Erlebnisse, die von Kummer und Angst handeln.

Das lag vor allem an unserer Klassenlehrerin.

Früher haben die Zirkusdompteure wild mit der Peitsche geknallt und ihre Tiere mit Einschüchterung dressiert. In den Kasernen wurden die Soldaten von ihren Offizieren angeschnauzt, und blöde Strafen wurden ihnen angedroht.

Genauso hielt sie uns in Angst und Schrecken.

Auf dem Lehrerpult stand ein blaues Fähnchen, auf das unsere Lehrerin sehr, sehr stolz war und das sie jedes Jahr wieder dort stehen haben wollte. Auf diesem Fähnchen stand mit goldener Schrift »Klasse der ausgezeichneten Disziplin«. (Eigentlich hätte darauf stehen müssen »Belohnung für Strammstehen, Stillsein und Angst dieser gut dressierten Kinder«.)

In der Tür unseres Klassenzimmers war ein kleines Guckloch. Daran sollte in der Pause immer jemand Wache halten. Wenn die Wache sah, dass am Ende des Ganges ein Lehrer auftauchte, sollte sie »Achtung!« brüllen, damit sich alle rechtzeitig, noch bevor die Tür aufging, stramm hinstellen und warten, bis die Wache zum Beispiel gemeldet hat: »Herr Schmitz, die Klasse 5 d ist zum Unterricht bereit. Es fehlt Roland Müller.«

Einige Lehrer fanden das super, wenn sie nicht, wie in den anderen Klassen, erst für Ruhe sorgen mussten. Alle standen stumm und regungslos da, wenn die Tür aufging. Weil unsere Lehrerin so eine erfahrene Kinderdompteurin war, wurden auch aufsässige, schwierige Schüler aus anderen Klassen zu uns strafversetzt. Unsere Lehrerin wurde mit jedem fertig.

Wehe, man hatte zu irgendetwas eine eigene Meinung, dann zeigte sie allen anderen, dass dieses Kind ein Schwachkopf sei.

So ging es mir einmal, als sie uns die Vorzüge der sozialistischen Landwirtschaft und der Kollektivierung pries. Meinen Kindern musste ich das etwa so erklären: In der DDR wurden nach dem Krieg den Bauern die eigenen Äcker, Vieh und Maschinen weggenommen und zu Staatseigentum gemacht. Alles sollte allen gehören. Auch sollte dadurch mehr geerntet werden.

Meine Eltern hatten zu Hause erzählt, dass manche Bauern sehr ungerecht behandelt worden waren und sich einige vor Verzweiflung das Leben genommen hatten. Also meldete ich mich und erzählte, was ich darüber wusste.

Meine Lehrerin dachte wohl, ich könnte ihr gefährlich werden, wenn ich nicht zu allem nicke, was sie erzählte. (Der Dompteur knallte früher auch gleich mit der Peitsche, wenn ein Löwe nur die Nase kraus zog.) Sie stellte mich als elenden Dummkopf hin, der seine Dummheiten auch noch laut heraus posaunt, und hackte so lange auf mir herum, bis ich weinte.

Bald wussten alle: Wenn man gut dastehen will, muss man alles nachplappern, zumindest jedoch still sein, nie aber eine eigene Meinung äußern.

Erholungsheim

Einmal im Jahr musste die ganze Klasse zur Schuluntersuchung antreten. Erst die Jungs, danach die Mädchen. In einem Zimmer neben dem Sanitätsraum wurden wir in Schlüpfern gewogen und gemessen.

Dann wurden wir einzeln in den Sanitätsraum gerufen. Da saß der rundliche Doktor auf dem Hocker und befahl: »Hosen runter!« Neben ihm stand die Schwester und las von ihrem Block Namen, Alter, Gewicht und Größe des Kindes vor. Der Doktor guckte einem in die Augen, die Ohren, den Mund und sagte: »Stell dich mal gerade hin!« Dann diktierte er der Schwester irgendwelche Begriffe wie: Hohlkreuz oder Rundrücken oder Knick- und Spreizfuß. Am Ende kam das Blödeste von allem: Man musste sich bücken, und er guckte einem in den Po, ob man Würmer hatte. Er war eben ein sehr gewissenhafter Doktor.

Zu mir hat er am Ende fast immer gesagt: »Gesundheitszeugnis 1, sehr gut, alles in Ordnung!« Ich bekam einen Klaps auf den Rücken und konnte gehen.

Einmal aber sah er mich bedenklich an und diktierte der Schwester: »Der Junge muss drei Wochen zur Kur.«

Kurz darauf fuhr ich allein mit einem Koffer in ein Kindererholungsheim im Vogtland. Zum Frühstück gab es Haferflockensuppe und einen Apfel, dann ging es hinaus zum Spaziergang. Über eine Autobahnbrücke, von der wir den vorbei fahrenden Autos winkten, führte der Weg in den Wald.

Dort spielten wir auf einer Lichtung Kreisspiele

49

oder Fangen. Im Wald suchten wir Stöcke, kämpften gegeneinander oder suchten Schätze.

Etwas, das ich nie zuvor gesehen hatte, fand ich da unter einem Baum: eine filzartige Kugel, aus der, wenn man daran pulte, kleine weiße Knöchlein und schließlich ein verblichener Mäuseschädel hervor kamen.

»Das ist ein Gewöll!« erklärte unsere Leiterin. »Die findet man hier oft. Raubvögel wie Mäusebussarde können nicht alles, was sie fressen, verdauen. Sie würgen es wieder heraus als Kugel. Der Filz sind die Mäusehärchen, der Rest ist ihr kleines Skelett.«

Nun hatte ich nur noch ein Ziel bei der Schatzsuche im Wald, ich spezialisierte mich auf Gewölle! Ich bewahrte sie in einem leeren Marmeladenglas auf, denn im Heim durfte ich sie nicht zerlegen. Das wollte ich mir für später aufheben. Ich verstaute das Glas mit Gewöllen in meinem Koffer.

Im Erholungsheim ging es ziemlich streng zu. Dauernd hieß es: »In Zweierreihen antreten! Beim Essen wird nicht geredet! Noch mal ins Bad zurück, die Ohren waschen!«

Es stand im Speiseraum immer eine Kanne mit Kräutertee. Den durften wir jederzeit trinken. Hingegen Wasser zu trinken, war strengstens verboten. Einmal, als ich verschwitzt von draußen herein kam, zog ich mein Hemd über den Kopf und erfrischte mich unter dem kalten Wasserstrahl. Dabei ließ ich das Wasser in die hohlen Hände fließen und tauchte mein Gesicht hinein. Das beobachtete eine Helferin und meinte, ich hätte Wasser getrunken. Zu der Zeit ging die »Ruhr« um, eine Krankheit, bei der man Durchfall bekam und die durch Bakterien im Wasser verbreitet wurde.

Ich hatte aber wirklich kein Wasser getrunken, sondern nur mein Gesicht erfrischt.

Es half kein Beteuern. Die Frau glaubte mir nicht und keifte: »Lüge nicht! Ich hab es genau gesehen. Zur Strafe bekommst du heute keinen Tee mehr!«

Das war ja nun die dümmste Strafe, die sie sich ausdenken konnte. Ich war nämlich wirklich sehr durstig und hätte gern von dem Tee getrunken. Wäre ich nicht so gehorsam gewesen, hätte ich natürlich hinter ihrem Rücken jetzt erst recht Wasser getrunken. Das tat ich aber nicht. Ich ging mit einer Riesenwut ins Bett und weinte ins Kissen. Leise Schritte näherten sich, dann saß auf der Bettkante das große Mädchen, das mich nachmittags auf der Schaukel angeschoben hatte, und streichelte mein Gesicht. Sie hatte mich raten lassen, wie alt sie sei. Ich hatte keine Ahnung. »Vierzehn«, sagte sie. »Ich bin seit ein paar Tagen Helferin hier, und später werde ich Kindergärtnerin!«

Jetzt hielt ich ihre Hand fest und erzählte ihr von der Ungerechtigkeit, die mir widerfahren war. Sie verschwand und brachte mir heimlich einen Becher Tee ans Bett.

Als die anderen auch im Schlafsaal waren, ging sie, so wie an den anderen Abenden von Bett zu Bett und sagte jedem Kind »Gute Nacht! Schlaf schön!« Bei mir aber neigte sie sich tiefer herab und gab mir einen Kuss auf die Wange. Der ganze Ärger war wie weggewischt. Ich dachte nur noch an den weichen Kuss auf meiner Wange, bis ich einschlief.

Am folgenden Abend war ich gespannt, ob der Kuss eine einmalige Sache war, weil ich ja geweint hatte. Bestimmt sagt sie wieder nur »Gute Nacht! Träume schön!« oder so etwas und streichelt mir bestenfalls durchs Haar. Aber nein, meinen heimlichen Wunsch musste sie erraten haben, wieder fühlte ich warm ihren Kuss auf meiner Wange, und das blieb so bis zum letzten Abend.

Von den Haferflockensuppen, dem Tee, den Spaziergängen und den »Gute-Nacht-Küssen« kam ich bestens erholt nach Hause.

Im Schuppen, über ausgebreitetem Zeitungspapier, zerbröselte ich die Gewölle und sortierte die Mäuseknöchlein und die weißen Schädel. 14 zierliche Totenschädel reihte ich aneinander. Meine Mutter wollte nicht, dass ich das mit in die Wohnung bringe. Ich hatte mir schon einen würdigen Platz für meinen Fund überlegt. Auf der Elbinsel hatte ich mir eine Erdhöhle ausgebaut, die andere Kinder verlassen hatten. Nicht nur vergrößert hatte ich die Höhle, aus Zweigen baute ich ein Dach und aus runden Findlingen einen Tisch, der einem Altar ähnelte. Darauf lagen umkränzt von Gänseblümchen die Gebeine der Mäuse.

Hier hockte ich wie ein kleiner Steinzeitmensch und sah zu, wie die Sonnenflecken, die durchs Höhlendach drangen, die toten Gebeine berührten.

»Eure Zeit ist vorbei, ihr armen Mäuslein ...«, ging es mir durch den Kopf, »ihr hört nicht mehr die Elbe rauschen, ihr riecht nicht mehr, wie gut die feuchte Erde duftet. Ich dagegen habe es richtig gut. Ich blinzele in die Sonne und kaue auf einem Kanten Brot herum. Aber das aller-allerbeste ist: Ich wurde von einem großen Mädchen geküsst!«

Meine Wunden

Ein Kind ohne Wunden ... gibt es das?

Man könnte es fast glauben, wenn man Mütter erlebt, die vor Angst die Hand vor den Mund pressen, kaum dass sich ihr Schatz vom langweiligen Klettergerüst entfernt und einen richtigen Baum erklimmt. Sie können es nicht zulassen und rufen: »Komm sofort herunter, Jean Paul!« oder »Lass das, Emma!«

Ich hatte als Kind dauernd Wunden, weil meine Eltern zum Glück nicht so ängstlich waren. Blut oder Grind an Ellenbogen und Knien sind normal, Beulen am Kopf auch. Gefährlicher und seltener ist ein Wespenstich in die Zunge. Ich bekam meinen von einer Wespe, die vor mir bereits das Marmeladenbrot zu essen begonnen hatte. Weil ich in ihr Brot biss, ohne es zu bemerken, hatte ich plötzlich eine dicke Zunge.

Von drei meiner größeren Wunden will ich jetzt erzählen:

Wunde Nr. 1: im Gesicht, verheilte so gut, dass man nichts mehr davon sieht, obwohl sie zunächst die auffälligste war ...

Weil meine Brüder so viele Kunststücke auf dem Fahrrad machten, wollte ich auch einmal mit einem der beiden üben. Er war bereit, mich zu unterrichten. Als erste Übung sollte ich lernen, vor ihm auf dem Fahrradlenker zu sitzen und mich festzuhalten. Nie zuvor hatte ich so auf einem Fahrrad gesessen. Sehr sicher fühlte ich mich nicht gerade. Ich lehnte mich nicht etwa bei meinem Bruder an, sondern saß recht wacklig und verkrampft auf dem Lenker. Er tritt in die Pedale und kurvt den mit Kies bestreuten Weg um die Kirche, immer schneller. Ohne Vorwarnung bremst er mit einem Mal und steht. Mein Körper folgt aber noch der Vorwärtsbewegung, das heißt, ich fliege ... Hätte ich in dem Moment die Arme wie Flügel ausgebreitet, hätte ich ein Looping durch die Wolken machen können und wäre sicher wieder auf dem Kirchplatz gelandet. Aber weder das tat ich noch das Naheliegende, was mir später in Fleisch und Blut überging: Beim Fall die Arme nach vorn reißen, um den Aufprall zu vermindern. Statt dessen falle ich verkrampft und steif mit dem Gesicht zuerst in den scharfkantigen Kies. Nase, Kinn, Stirn und Wangen – alles von lauter winzigen Schnitten aufgeschabt und blutend. Weil meine Mutter aus meinem Geschrei nicht klug wurde, erklärte mein Bruder kurz, was passiert war. Wie immer in solchen Fällen desinfizierte sie die frischen Wunden mit Jod. Es brannte höllisch!

Einen Tag durfte ich zu Hause bleiben. Tags darauf ging ich mit grindigem Gesicht zur Schule. Es wäre schlau gewesen, ein Schild umzuhängen, auf dem der Unfallhergang beschrieben war, so aber musste ich jeder und jedem erzählen, wie ich zu diesem ungewöhnlichen Aussehen kam.

Wunde Nr. 2: am Schienbein, heute noch durch leichte Hautverfärbung zu erkennen.

Mein Lieblingsonkel war zu Besuch. Er rasierte sich, genau wie mein Vater, indem er sich mit Pinsel und Rasierseife das Kinn einschäumte und dann mit einem kleinen Apparat, in dem eine superscharfe Rasierklinge klemmte, die Bartstoppeln rasierte. Mein Vater hatte seinen Rasierapparat immer nach dem Rasieren in ein Wandschränkchen geschlossen. Mein Onkel ließ seinen auf der Waschmaschine liegen. Nun konnte ich mir das Ding endlich einmal aus der Nähe betrachten. Am Stiel konnte man schrauben, dann lockerte oder festigte sich die scharfe Klinge. Ich wollte zu gern das Ding einmal ausprobieren. Ich suchte meinen Körper nach Haaren oder Härchen ab. Am Schienbein entdeckte ich einige längere Härchen. Ich nahm den Rasierapparat, klemmte die Rasierklinge nicht ganz fest ein und setzte an. Mit einem beherzten Ratsch zog ich das Ding am Bein entlang. Die Härchen waren ab. Die Haut auch. Wo sie eben noch gewesen war, sickerte aus den Poren Blut. Schnell musste ich das mit Klopapier stillen und das Bein verbinden. Dann wischte ich die Blutspuren vom Boden, reinigte den blöden Rasierer und tat, als wäre nichts gewesen. Die rasierte Stelle heilte langsam wieder. Aber die Haut blieb an der Stelle ein bisschen dunkler.

Wunde Nr. 3: heute nur noch mit Mühe als dünner Strich an der Schläfe erkennbar.

Diesmal war der andere große Bruder im Spiel. Das Fahrrad spielte nicht mit, ich war vorsichtiger geworden. Ich saß ganz, ganz sicher im Leiterwagen. Ich hatte kein bisschen Angst. Ich war Wagenlenker, mein Bruder das Pferd. Kurz zuvor, als er noch mein Bruder war, erklärte er mir die unterschiedlichen Gangarten des Pferdes.

»›Brrrrr!‹ rufst du, wenn ich stehen bleiben soll.« Das wusste ich, es interessierte mich aber nicht, ich wollte ja fahren.

»Dann gibt es den Schritt. Wenn du ›Schritt!‹ rufst,

56

laufe ich gemütlich, soll ich etwas schneller laufen, rufst du ›Trab!‹«

Ich wollte natürlich wissen, was das Schnellste ist.

»Das Schnellste ist der Galopp. Rufst du ›Galopp!‹, dann renne ich.«

»Gibt es noch etwas Schnelleres als Galopp?« wollte ich wissen.

Er antwortete, als alter Hase in dem Metier: »Das Allerallerschnellste, was du aus einem Pferd heraus holen kannst, ist der Jagdgalopp!«

Dieses Wissen reichte mir völlig aus.

Er durfte sich in ein Pferd verwandeln. Ich startete. »Schritt« ließ ich gleich aus. Ich rief in kurzer Folge: »Trab!«, und dann »Galopp!!!« Mein Pferd galoppierte durch den Hof und den Garten und zurück, mein Leiterwagen holperte mit mir hinterher. Kurz vor einem Wäschepfahl im Hof schrie ich: »Jagdgalopp!!!!« Ich ahnte natürlich nicht, dass mein Pferd bei dieser Höchstgeschwindigkeit vorhatte, abzubiegen. Der Wagen raste in die Kurve. Ich aber wurde mit dem Kopf gegen den Wäschepfahl geschleudert. Der Wäschepfahl war aus Beton und grobem Sand gegossen. Die Haut platzte auf, und ich sah für eine Weile vor den Augen den ganzen Kosmos in Bewegung.

Dann kam ich wieder zu mir. Ich lag im Bett. Über mich gebeugt meine Eltern, die Tante und die Gemeindeschwester aus unserem Haus. Die Schwester untersuchte meine Pupillen und sagte: »Leichte Gehirnerschütterung, die Platzwunde verläuft knapp neben der Schläfe. Er hat noch einmal Glück gehabt!«

Dann sank ich wieder in den Schlaf und träumte davon, dass ich für meine Kopfverletzung die Tapferkeitsmedaille in Bronze verliehen bekam. Ich stand, verbunden wie eine Mumie, beim Fahnenappell. Juri Gagarin landete mit einer Rakete auf unserem Appellplatz und steckte mir den Orden an die Brust.

Vaters Wunde

Ich glaube, jedes Kind öffnet gern Schubläden, Türchen und Klappen, um zu sehen, was sich dahinter versteckt.

Die Schublade vom Nachtschrank meines Vaters klemmte ein wenig. Dann ging sie mit einem Ruck auf. Taschentücher lagen drin, und unter dem Stapel von Taschentüchern lag eine Überraschung. An einem kurzen Band war da ein Kreuz angebracht, wie eine Medaille. In der Mitte dieses breiten Kreuzes noch ein Kreuz, ein ganz schlimmes: ein Hakenkreuz. Ich bekam einen Schreck, denn soviel wusste ich: Das Hakenkreuz war ein verbotenes Symbol. Als einmal jemand an die Außenwand der Kirche ein Hakenkreuz mit Kreide gemalt hatte, erschien sofort die Polizei. Und wieso lag ein Kreuz mit Hakenkreuz im Nachtschrank meines Vaters? Als ich meine Eltern danach fragte, war es ihnen peinlich, dass dieses Ding da überhaupt noch lag. Mein Vater schmiss es weg und erklärte mir, wie er dazu gekommen war.

Er musste in Russland kämpfen. Wie alle Soldaten grub er Gräben oder Löcher in die Erde, um sich vor feindlichem Beschuss zu schützen. Einmal sollte er für seine Vorgesetzten eine Zeichnung von der Gegend anfertigen, in der sie gerade lagen, und die Stellungen der feindlichen Panzer einzeichnen. Dazu musste er natürlich ab und zu den Kopf aus seinem Erdloch stecken. Plötzlich schoss hinter ihm ein Panzer. Von dem explodierenden Panzergeschoss blieb ein Stück im Hinterkopf meines Vaters stecken.

Da er kurz zuvor einen anderen Soldaten verbunden hatte, besaß er keine Binde mehr in seinem Gepäck. Da geschah ein Wunder: Ein völlig fremder Soldat ließ sich in das Erdloch gleiten, in dem mein Vater zusammen gesunken war. Er zog eine Binde aus der Tasche und verband geschickt den Kopf meines Vaters, sodass noch die Nasenspitze und ein Auge heraus guckten. Weil der Panzer weitergefahren war, wagte sich der fremde Soldat hinaus, hob sich meinen Vater quer über die Schulter und lief geduckt bis zur Kompanie meines Vaters. Dann verlor mein Vater die Besinnung. Erst im Lazarett kam er wieder zu sich.

Die Ärzte erzählten meinem Vater, dass er um ein Haar verblutet wäre, wäre nicht dieser fremde Soldat gekommen. Der wäre seltsam gewesen, hätte meinen Vater nur vorsichtig auf eine Liege gelegt, und schon wäre er wieder verschwunden. Sie hätten sich auch sehr über die ungewöhnliche Binde gewundert, die mein Vater um den verwundeten Kopf trug, so eine lange Binde hätten sie noch nie gesehen ...

Da stand für meinen Vater fest: Das war kein gewöhnlicher Soldat gewesen. Sein Retter war ein Engel. Ihm war es gleich wie ein Wunder vorgekommen.

Wie viele Schwerverwundete bekam mein Vater das »Eiserne Kreuz«.

Mein Vater lächelte bitter, als er mir das erzählte. Er hatte sich das Ding aufgehoben als Mahnung des Krieges. Dieses Kreuz war immerhin besser als ein Holzkreuz auf einem Soldatenfriedhof, das er ja beinahe bekommen hätte, wäre sein Retter nicht rechtzeitig erschienen.

Ich sah mir seine Wunde ganz genau an. Ich konnte

meinen Finger in die Vertiefung am Hinterkopf legen und den Riss unter der Haut spüren, der sich unter der Glatze entlang bis zur Stirn zog.

Sie war wirklich gut geheilt.

Ich war so erleichtert und musste meinen Vater einfach drücken.

Die erste Zigarre

Eine Beerdigung ist eine ernste Angelegenheit.

Für mich war das aber nichts Besonderes. Mein Vater hielt ja als Pfarrer die Beerdigungspredigten und sprach am Grab zu den Angehörigen der Verstorbenen. Und ich lief mit einem langen, dünnen Kreuz dem Trauerzug voran. Mein Vater und der Friedhofsmeister folgten. Hinter uns dreien schoben oder trugen sechs alte Männer den Sarg. Hinter dem Sarg kamen all die Menschen, die von dem Verstorbenen Abschied nehmen wollten. Die meisten waren sehr traurig, weil sie den Menschen, der nun nicht mehr lebte, gern gehabt hatten.

Die sechs alten Männer, die Leichenträger, liefen und guckten immer ernst und würdevoll während der Beerdigung. Ich kannte diese sechs Männer aber auch als lustige Kerle, die sich immer freuten, wenn sie sich wieder trafen. Im Friedhofsbüro saßen sie zusammen, wenn in der Kapelle die Trauerfeier stattfand. Dann erzählten sich die alten Männer von ihren Tomatenpflanzen, kaputten Mopeds, niedlichen Enkelkindern, davon, was es zu Mittag gegeben hatte und wie am Wochenende voraussichtlich das Wetter würde.

Dabei schenkten sie sich Schnaps in kleine, braune Gläser und pafften blaue Wolken in die Luft. Alle rauchten Zigarre.

Mit Zigarre im Mund kamen sie schon auf den Friedhof. Mit Zigarre im Mund begrüßten sie sich. Mit Zigarre im Mund putzten sie sich noch mal die schwarzen

Schuhe blank und rückten die schwarze Schirmmütze zurecht.

Erst wenn sie in das Kirchengebäude gingen, um den Sargdeckel auf den Sarg zu legen und die Kränze um den Sarg und den Altar zu drapieren, legten sie ihre Zigarren nebeneinander auf den Fenstersims an der Rückseite der Kirche. Nach ein paar Minuten kamen sie wieder raus und rauchten weiter. Denn dann begann da drinnen die Trauerfeier.

Ich hatte das ganz genau beobachtet. Denn es wiederholte sich immer genauso. Deshalb wusste ich: Diese wenigen Minuten lagen die sechs Zigarren unbewacht nebeneinander auf dem Fenstersims. Ich hatte noch nie geraucht und wollte gern wissen, ob das sehr lecker ist. Denn warum sonst sollten es diese alten Männer tun?

Eines Tages also schlich ich zu dem Fenstersims, gerade, als die Männer in die Kirche gegangen waren, zog mich am Sims hoch und nahm eine Zigarre in die Hand.

Ich atmete einmal tief durch, dann nahm ich das braune Ding in den Mund und sog daran.

Ich hatte erwartet, es käme Rauch, vielleicht duftend, vielleicht stinkend.

Der Mann, dem diese Zigarre gehörte, hatte längst nicht mehr daran geraucht, sondern nur so, wie einen Nuckel, im Mund gehabt. Sie war kalt und nass und aufgeweicht. Und was ich da in den Mund sog, war bittere, ätzende, kalte Spucke. Igitt!

Ich spuckte und spuckte und spuckte.

Und ich wusste: Niemals, niemals wieder ziehe ich an einer Zigarre!

Meine – meine!

Mein großer Bruder Christian wünschte sich früher so sehr einen Hund, dass meine Eltern schließlich im Tierheim einen Hund aussuchten, der sehr struppig aussah und deshalb »Struppi« genannt wurde.

Da mein Bruder vorhatte, später zum Zirkus zu gehen, fing er gleich an, Struppi verschiedene Kunststücke beizubringen: »Auf den Hinterbeinen laufen« oder »In die Luft springen« oder »In die Luft springen und sich mit der Hundeschnauze an einem Stock festhalten«. Das alles klappte ab und zu. Der Trick, der immer klappte hieß »Meine! Meine! Meine!« Dafür stellte Christian Struppi Futter hin, und sobald der fressen wollte, nahm Christian den Napf weg und sagte: »Meine! Meine! Meine!« Dann fletschte Struppi fürchterlich das Gebiss und knurrte bedrohlich.

Nach einer Weile wusste Struppi, dass die Worte »Meine! Meine! Meine!« die blödesten Worte der Welt sind. Deshalb brauchte man ihm bald nicht mal mehr den Fressnapf wegzunehmen. Bereits wenn man bloß sagte: »Meine! Meine! Meine!« fing Struppi an zu knurren und das Gebiss zu fletschen.

In unserer Nähe wohnte ein Junge aus meiner Klasse, mit dem ich früh meistens zur Schule ging. Er hieß Rainer. Er klingelte, wenn er an unserem Haus vorbei kam. Dann rannte ich mit meinem Ranzen hinaus und schloss mich ihm an.

Wenn Rainer klingelte, kläffte Struppi wie alle Hunde. Und wie alle Hundebesitzer sagte ich dann: »Der tut nichts! Brauchst keine Angst zu haben!« Zögerlich traute sich mein Schulfreund manchmal herein – und wirklich, Struppi tat ihm nichts.

Irgendwann hielt ich es für besser, den Freund zu warnen, dass er nur eines nicht sagen dürfe zu Struppi, nämlich »Meine! Meine! Meine!« Damit sich Rainer vorstellen konnte, wie böse Struppi darauf reagiert, machten wir beide, ich und Struppi, die ganze Sache mal vor. Und Rainer verstand.

Als es am nächsten Morgen um die übliche Zeit klingelte, schnappte ich meinen Ranzen und lief hinaus. Laut heulend, mit zerrissener Hose und blutiger Wade stand da mein Schulfreund. Meine Eltern und Geschwister kamen auch aus dem Haus gerannt und besahen sich mit Schaudern Struppis Werk. Der hatte sich längst irgendwo verkrochen.

»Wie kam es denn dazu?« fragte meine Mutter. Rainer konnte nur unverständliches Zeug wimmern.

Schließlich kam mir ein Gedanke und ich fragte Rainer gerade heraus: »Sag mal, hast du etwa zu Struppi gesagt ›Meine! Meine! Meine!‹?«

Rainer schüttelte entsetzt den Kopf und brachte unter Schluchzen hervor: »Quatsch! Ich bin doch nicht blöd!«

»Ja, was hast du denn dann gesagt?«, fragte ich ungeduldig.

»DEINE! DEINE! DEINE!«

Struppi und Fifi

Wenn zwei Hunde sehr verschiedener Hunderassen miteinander ein Kleines zeugen, so kann das Hundebaby noch ganz niedlich sein, weil Welpen immer niedlich sind. Je älter der Hund wird, desto mehr lässt dann aber manchmal die Niedlichkeit nach. So war das auch bei unserem Struppi.

Aber oft haben hässliche Wesen eine schöne Seele, eine bestimmte Begabung oder einen sehr guten Geschmack. Bei Struppi traf all das zu.

Seinen guten Geschmack erkannten wir an der Wahl seiner Geliebten.

Die ging oft Gassi an unserem Zaun entlang. Eine zart rosafarbene, zierliche Pudelhündin. Immer stilecht getrimmt! Das weiße Halsband mit Glitzersteinchen oder Brillanten besetzt! Ihr Name: »Fifi von Hollerbeck«.

Zunächst tat Struppi so, als wäre sie ihm völlig egal. (Hunde würden sagen »völlig Wurscht«.) Er guckte ihr trotzdem – lässig hingestreckt – aus einem Augenwinkel nach.

Fifi von Hollerbeck war es eigentlich gewohnt, dass selbst edle Rassehunde ganz aus dem Häuschen waren nach ihr. (Hunde würden sagen »aus der Hütte«.) Nicht so Struppi.

Irgendwann war ihr das zuviel, und sie blieb stehen, um sich diesen Hund genauer zu besehen, der so lässig liegen blieb.

Da erhob sich unser Struppi und kam langsam, um

67

das entzückende Wesen näher zu beschnuppern. Und er fand: Klasse!!!

Und Fifi roch gleich: Der riecht anders als die anderen. Der riecht nach Abenteuern und wirklicher, großer Hundeliebe. Fifis Herrchen zerrte das arme Hundchen »Pfui! Pfui!« zischend mit sich.

So fing es an.

Struppi ging die kleine Fifi nicht mehr aus dem Sinn. Er dachte an ihren Duft, an ihre Eleganz, ihr freudiges Schwanzwedeln. Er dachte seufzend an ihr gefühlloses »Herrchen«. Und er wusste: Nichts und niemand auf der Welt wird uns daran hindern, ein Paar zu werden! Wir, Fifi und ich, sind füreinander gemacht ...

Tags darauf klingelte es Sturm an unserer Haustür. Dann hörten wir es vor der Tür schimpfen. Als meine Eltern eingeschüchtert zurück kamen, erfuhren wir, dass Struppi nachts vor dem Haus der Leute, denen Fifi von Hollerbeck gehörte, gebellt und gejault hätte. Die ganze Nacht hindurch. Und wir sollten unseren Hund sicher wegsperren. Wenn das noch einmal vorkäme, würden sie die Polizei oder den Jäger rufen und »kurzen Prozess« machen.

Abends streichelten wir alle den armen Struppi und schlossen ihn für die Nacht in den Keller ein, den wir schon für ihn gemütlich hergerichtet hatten.

Als es am nächsten Morgen wieder in aller Frühe klingelte, standen zwei vor der Tür.

Das gemeine »Herrchen« und ein Polizist. Der Polizist sprach sehr streng, und das Herrchen geiferte immer wieder dazwischen. Struppi hatte seinen nächtlichen Besuch wiederholt! Er hatte so lange gekläfft und geheult, bis auch Fifi in das Hundegeheul einstimmte.

Das ganze Haus war wütend auf Struppi und auf uns. Sogar das Wort »einschläfern« fiel.

Um den beiden Männern zu zeigen, dass sie sich keiner Schuld bewusst seien, führten meine Eltern alle in den Keller, in den wir Struppi eingesperrt hatten am Abend zuvor.

Da sahen wir die Bescherung: Die Fensterscheibe lag zersplittert auf dem Boden. Vor dem Kellerfenster versperrte eine eiserne Querstange Einbrechern den Weg, nicht aber Struppi. Er musste mit einem gewaltigen Satz gegen die Fensterscheibe gesprungen sein. Dabei hatte er mit dem Kopf die Scheibe zertrümmert. Wahrscheinlich mit einem zweiten Satz war er noch einmal auf den Sims gesprungen und unter der Eisenstange hindurch geklettert.

Wir bewunderten Struppi, lobten, fütterten und streichelten ihn mitfühlend.

Meine Eltern versprachen fest, dass dies nicht wieder vorkäme. Von nun an würden sie Struppi nachts in einen fensterlosen Raum, unseren Fahrradschuppen, sperren.

Der Hundekorb wanderte für die nächste Nacht in den Fahrradschuppen. Hierher führten sie Struppi und ermahnten ihn, dass er nur ja brav schlafen solle!!!

Dann wurde die Schuppentür geschlossen und das Vorhängeschloss ebenfalls.

In der Morgendämmerung klingelte es bereits Sturm. Wir saßen sofort alle in den Betten. Kurz darauf stürmten wir hinaus und liefen, gefolgt vom wutschnaubenden Herrchen und einem kopfschüttelnden Polizisten, zum doppelt verschlossenen Fahrradschuppen. Wie gesagt, ein Fenster gab es nicht. Die Tür war noch verschlossen, das Vorhängeschloss nicht geknackt ... Wie hatte es Struppi diesmal geschafft?

Am unteren Rand der Holztür hatte er sich mit Ausdauer durchs Holz gekratzt und gebissen! Ein Loch in der Holztür, gerade so groß, dass er noch hindurch passte.

Aus dem Wutgeschnaube des »Herrchens« hörten wir heraus, dass Struppi wieder das ganze Haus zur Verzweiflung gebracht hatte mit seinem nächtlichen Bellen und Heulen. Auch Kartoffeln und Kohlen, die man nach ihm geworfen hatte, vertrieben den tapferen Hund nicht. In seiner Verzweiflung griff das »Herrchen« nach einem Knüppel, um hinunter zu stürmen. Er wollte doch tatsächlich Struppi erschlagen!

Fifi jedoch gelang es, hinter ihm durch die Tür zu entwischen. In ihrem Hundegeheul hatten sie längst einen Fluchtplan miteinander verabredet. Nämlich, wenn es Fifi gelingen sollte zu entkommen, wollten sie sich an der Weide hinterm Schulteich treffen. So schnell hatte das »Herrchen« seine Fifi noch nie rennen sehen. Struppi war sowieso nicht mehr zu sehen.

Den Rest konnten wir uns nur selbst zusammenreimen, als wir abends im Bett lagen und von Struppi und seiner Fifi sprachen. Wir sahen ihn nie wieder. Aber wir glaubten, dass die beiden füreinander geschaffen waren. Bestimmt hatten sie sich auf der Elbinsel, die wir von unseren Indianerspielen kannten, eine Höhle gebaut. Dort würden sie miteinander viele süße Welpen haben, unerschrocken, struppig und mit schönen, wunderschönen Hundeseelen.

Am Meer

Das erste Mal sah ich das Meer, also die Ostsee, im April. Da war es kühl an der Luft und eiskalt im Wasser. Der Augenblick, als ich durch die Dünen hindurch das Meer erblickte, war Liebe auf den ersten Blick. Ich stand vor einem nie zuvor gesehenen, nie zuvor gerochenen und gespürten Naturwunder! Erst stand ich ganz ehrfurchtsvoll und still da, dann galoppierte ich los. Der Strand war leer, und ich brüllte gegen den Lärm an, den die aufklatschenden Wellenberge machten. Als ich außer Puste war, lief ich den Strand entlang. Das war erst einmal ein Überraschung! Schätze über Schätze! Steine, einer hübscher als der andere! Muscheln, Seetang, matt gescheuerte Glasscherben, versteinerte Seeigel, Hühnergötter, ein fremdländischer Kronkorken ...

Meine Taschen reichten für all die Schätze gar nicht aus. Ich musste alles wieder auskippen und eine Auswahl treffen.

Jeden Tag genoss ich auf diese Weise das Meer. Ich fütterte außerdem die Möwen und sammelte ihre Federn, ich trug angeschwemmte Quallen ins Wasser zurück. Aber niemand hätte mich dazu überreden können zu baden. Nur bis zu den Fußknöcheln duldete ich das Wasser.

Leider musste ich vormittags die Dorfschule besuchen.

Wenn ich den weiten Schulweg zu unserem Ferienhaus zurückging, dann sah ich auf den Feldern überall Wildkaninchen herumhoppeln. Wie gern hätte ich einmal eins auf den Arm genommen, aber so schnell ich auch flitzte, sie waren schneller. Zum Glück begegnete ich einmal einem Bauern auf dem Feld. Der gab mir den Rat: »Du musst einen Salzstreuer mitnehmen. Wenn man einem Karnickel Salz auf den Schwanz streut, bleibt es sitzen, rennt einfach nicht weiter! Kannst es ausprobieren!«

Ich glaubte diesen Unsinn auch noch und bat am nächsten Morgen meine Mutter, mir einen Salzstreuer mitzugeben. Als ich ihr erklären sollte, warum, lachte sie über meine Leichtgläubigkeit. Ich aber glaubte dem Bauern mehr als meiner Mutter. Was wusste meine Mutter schon von Kaninchen?! Der Bauer hatte schließlich ständig mit ihnen zu tun auf dem Feld. Ich bekam meinen Salzstreuer und ging guten Mutes los. Dem nächstbesten Kaninchen sprintete ich hinterher. Ich folgte seinen Haken, wurde jedoch durch meinen Ranzen behindert. Ich warf den Ranzen von mir und lief im Zickzack dem Kaninchen nach.

Hinter mir hörte ich das Gelächter meiner Mutter und meiner Tante.

Langsam begriff ich, dass ich meiner Mutter vielleicht doch mehr vertrauen und glauben sollte als irgendeinem fremden Bauern...

Kehrte ich nachmittags von meiner Schatzsuche am Meer in unser Häuschen zurück, dann machte mir meine Mutter einen Ingwertee. Den hatte ich erst hier kennen gelernt. Meine Mutter hatte mir erzählt, dass mein Vater für Ingwertee schwärmte, als sie die Packung im Küchenschrank unserer Gastgeber entdeckte. Da ich alles gut fand, was mein Vater mochte, wollte ich den Tee kosten, auch wenn meine Mutter das Gesicht ver-

zog und meinte, er schmecke nach Seife. Der Tee war sehr gut und wärmte nach so einem Spaziergang richtig durch!

Am Tag vor unserer Abreise sagte meine Mutter, heute solle ich mich vom Meer verabschieden. Schweren Herzens lief ich durch die Dünen und wusste, dass wir, das Meer und ich, uns nun lange nicht wieder sehen würden. So wie man sich von einem Freund oder einem geliebten Tier verabschiedet, genauso wehmütig verabschiedete ich mich vom Meer.

Der Strand war leer. Das Meer schäumte und brüllte wie bei unserer ersten Begegnung. Mir war das Herz so voll, dass ich nicht länger kopfhängend herumstehen wollte. Ich machte Luftsprünge wie am ersten Tag. Ich sang, ich brüllte, ich warf aus vollen Händen Sand in die Luft, ich tanzte einen leidenschaftlichen Abschiedstanz.

Dann blieb ich wie angewurzelt stehen. Mitten in den Dünen stand ein Mädchen, etwa so alt wie ich. Das hatte mir die ganz Zeit zugesehen! Als sie sah, dass ich sie bemerkte, tippte sie mit dem Zeigefinger gegen die Stirn.

Da sich die Erde nicht auftat und mich verschluckte, rannte ich kopfüber davon zum Ferienhaus.

An diesem Abend bekam ich Fieber.

Westfernsehen

Mitten in der Schulzeit boten Freunde meiner Mutter an, zwei Wochen lang Urlaub in ihrem Ferienhaus in Dierhagen zu machen. Mein Vater konnte nicht mitreisen. Aber Tante Christa, die so etwas wie meine Ersatzmutter war, wollte mitkommen. Nun fehlte ihnen nur noch ein Kind zu ihrem Glück. Ihre Wahl fiel auf mich. Dann aber erfuhr ich, dass ich während der Schulzeit dort die Dorfschule besuchen muss.

In dieser Schule gab es nicht genügend Kinder pro Klasse. Immer zwei Klassen wurden in einem Klassenzimmer unterrichtet, die erste Klasse zusammen mit der zweiten, die dritte mit der vierten.

Der Lehrer gab dann zum Beispiel den Kindern der dritten Klasse eine Rechenaufgabe auf, und während die Schüler versuchten, die Aufgaben zu lösen, unterrichtete er die größeren Schüler mit ihrem Lehrstoff. So ging das immer hin und her.

Eines Tages sprach er über das schlimme »Westfernsehen«.

Zuvor hatte er bedruckte Papierbögen verteilt. Auf jedem Blatt dasselbe: ein dicker Verbrecher, mit Waffen behängt, der auf einem Dach etwas Seltsames macht – er träufelt aus einer Flasche, auf der ein Totenkopf zu erkennen ist, Gift durch einen Trichter in die Antenne ... Dabei stand geschrieben, dass die Kapitalisten und Kriegstreiber des anderen deutschen Landes unsere braven Arbeiter und Bauern vergiften wollten mit ihrer schrecklichen Musik und ihren Lügennachrichten.

Gute Bürger sollen sich dagegen wehren und diese Sendungen nicht mehr empfangen.

Dieses Papier sollten die Kinder mit nach Hause nehmen und von ihren Eltern unterschreiben lassen.

Weil wir kein Fernsehgerät besaßen, konnte ich gar nicht verstehen, worum es eigentlich ging. Deshalb ließ ich es mir von meinem neuen Freund erklären.

Mein Freund mochte solche Sendungen des Westfernsehens wie die mit der Mickymaus, und seine Eltern sahen sich ebenfalls gern Filme an, die nur auf diesen »verbotenen« Sendern gezeigt wurden. Deshalb dachte ich, die Eltern würden keine Lust haben, so einen Blödsinn zu unterschreiben, und der Lehrer werde nur wenige Zettel zurück erhalten. Da irrte ich mich. Alle Zettel kamen unterschrieben zurück. Aber nicht etwa, weil die Eltern damit einverstanden waren, diese verbotenen Sender nicht mehr zu empfangen. Nein, die sahen sie nach wie vor. Sie hatten einfach Angst, dass sie Ärger bekämen, wenn sie nicht unterschrieben. Am Nachmittag konnte ich die Diskussionen im Haus meines Freundes miterleben, als er seinen Eltern den Zettel zeigte. Die Eltern regten sich schrecklich auf, aber sie fanden es besser zu unterschreiben. Zu ihrem Jungen sagten sie dann: »Wir werden natürlich weiter die West-Sender empfangen. Darüber darfst du in der Schule aber auf keinen Fall reden, versprochen?!«

So sammelte also am nächsten Morgen der Dorfschullehrer alle Zettel wieder ein, von allen brav unterschrieben, und wahrscheinlich hatten alle Eltern zu ihren Kindern gesagt: »Wir werden uns von denen doch nichts verbieten lassen. Aber das darfst du in der Schule nicht erzählen, versprochen?!«

»Bloß gut, dass wir kein Fernsehen haben!« sagte meine Mutter, als ich ihr die Sache abends berichtete. So ganz vollen Herzens konnte ich ihr da nicht Recht geben.

Zugabenteuer

Meine Mutter, meine Tante und ich fuhren von der Ostsee mit dem Zug nach Hause.

Mehrere Koffer, Taschen und Beutel waren im Gepäcknetz und neben den Sitzen verstaut.

Viele Stunden dauerte die Fahrt, die letzten drei Stunden allerdings hatte ich ein besonderes Abenteuer zu bestehen.

In Berlin hielt unser Zug etwas länger als auf den anderen Bahnhöfen. Einen Speisewagen gab es nicht. Also beschloss meine Mutter, während der Haltepause auszusteigen und in einem Bahnhofsrestaurant drei große Becher Limonade zu kaufen. Als sie am Zugfenster vorbeikam, winkte sie meiner Tante zu und rief: »Christel, kommst du lieber doch schnell mit? Allein tragen sich die drei Becher bestimmt schlecht.«

Mich beruhigten sie damit, dass sie gleich zurück seien. Ich solle einfach brav sitzen bleiben.

Ich nickte, und die Tante eilte mit meiner Mutter um die Ecke.

Hoffentlich ist dort keine lange Warteschlange, dachte ich. Hoffentlich haben sie genügend Geld mit. Hoffentlich gucken sie auch immer auf die Uhr, damit sie nicht den Zug verpassen.

Ich wurde unruhig, zog das Fenster herunter und schaute hinaus. Der Zug war ziemlich lang, der Bahnsteig voll, das Bahnhofsrestaurant von meiner Stelle aus nicht zu sehen. Vielleicht mussten sie zum anderen Ende des Bahnhofs laufen?

Leute verabschiedeten sich voneinander. Bis zur Abfahrt waren es nur noch wenige Minuten. Türen wurden zugeschlagen.

Ich musste dauernd Leuten, die fragten, ob hier frei wäre, sagen: »Nein, hier ist besetzt!«, was mir sehr peinlich war.

Meine beiden Frauen kamen einfach nicht. Dann sah ich die Zugführerin mit der roten Mütze. Der Uhrzeiger rückte auf die Abfahrtszeit. Die Schaffnerin stand gerade so weit entfernt, dass sie mich hören müsste, wenn ich jetzt rief: »Warten sie bitte noch einen Moment! Meine Mutter und meine Tante sind noch nicht eingestiegen!« Aber dann traute ich mich doch nicht.

Ich konnte doch nicht einen langen, vollbesetzten Zug aufhalten, bloß weil meine Mutter und meine Tante mit ihren Limonadenbechern nicht auf die Uhr guckten. Ich war wütend auf die beiden. Wie konnten die nur einen achtjährigen Jungen im Stich lassen, um Limonade zu holen?

Das Abfahrtssignal wurde gepfiffen, die letzte Tür zugeschlagen. Ich lehnte mich aus dem Fenster, um den beiden wenigstens noch zu winken, wenn sie jetzt um die Ecke bögen ... Aber sie waren nicht zu sehen.

Der Zug fuhr los.

Ich atmete durch und setzte mich.

Jetzt Nerven behalten, dachte ich. Und Schritt für Schritt durchdenken, was zu tun ist. Ich stand auf, um den Zug zu durchwandern, falls sie doch noch irgendwo weiter hinten oder weiter vorn eingestiegen waren. Ich drängte mich durch die Gänge, überflog unzählige Gesichter auf der Suche nach den beiden vertrauten Gesichtern. Am Zugende kehrte ich um, lief die Strecke zurück, vorbei an unseren Plätzen bis nach vorn, wo es nicht weiter ging. Nichts.

Die beiden saßen jetzt tatsächlich mit drei Limonadenbechern auf dem Berliner Bahnsteig und hatten unseren Zug verpasst!

Sicher würden sie sich um mich entsetzlich sorgen. Plötzlich taten die beiden mir fast mehr leid, als ich selber. Sie würden denken, ich weinte und sei verzweifelt.

Dabei weinte ich ja gar nicht, sondern überlegte einfach, was jetzt zu tun war, woran ich jetzt denken müsse.

Ich setzte mich und dachte weiter. Hier im Zug bin ich völlig sicher. Ich habe eine Fahrkarte und werde in Dresden erst mal sicher ankommen.

Aber Geld habe ich nicht einstecken. Ich muss dann zu einem anderen Bahnsteig gehen und den Zug in unseren kleinen Ort nehmen. Wie soll das ohne Geld gehen?

Ich könnte dem Schaffner irgendwas zum Tausch anbieten. Meine Taschenlampe zum Beispiel, bei der man rot, weiß, gelb und grün einstellen kann. Genau solche, wie sie die Zugführer auch haben.

Aber wie kriegte ich das ganze Gepäck aus dem Zug, zum anderen Bahnsteig, in den nächsten Zug und dann nach Hause? Sicher müsste ich Meter um Meter vorrücken. Auch wenn das mühselig sein und lange dauern würde – irgendwann käme ich schon zu Hause an. Vielleicht stünde mein Vater auch zu Hause am Bahnhof und staunte, wie ich das alles allein geschafft hätte. Alle Möglichkeiten spielte ich in Gedanken durch.

Schließlich hatte ich von der Denkerei genug und wollte etwas tun.

Ich stand auf, um die Koffer aus dem Gepäcknetz zu holen, merkte aber gleich, dass ich das nicht schaffte. Also nahm ich meinen Mut zusammen und bat einen Mitreisenden.

Bestimmt wunderten sich die Leute schon, was ich hier machte. Aber ich wollte auf keinen Fall wie ein bedauernswertes Kind dastehen und die Erwachsenen betteln, mir zu helfen. Ich würde das ganz alleine schaffen.

Zwei große und schwere Koffer, eine dicke Reisetasche mit langem Tragegurt, eine Stofftasche, ein Rucksack und ein Campingbeutel.

Ich versuchte die beiden Sachen auf den Rücken zu bekommen. Das ging schon mal gar nicht. Aber vielleicht könnte ich den Campingbeutel auf den Rucksack drauf binden? Ich zog meinen Gürtel aus der Hose, weil ich keinen Bindfaden zur Hand hatte und verband die beiden Gepäckstücke miteinander. Die Reisetasche mit dem langen Tragegurt müsste ich vor dem Bauch tragen. Jetzt noch rechts und links je ein schwerer Koffer. Ich stemmte im Gang des Zuges die Last empor. Es ging mit Mühe. Bloß aus dem Zug raus durch die Türe käme ich so nicht. Ich beschloss, mir an der Stelle dann helfen zu lassen. Ach ja, da war ja noch der Stoffbeutel. Den kriegte ich in keine der Hände mehr. Unmöglich! Ich zwängte meinen Kopf durch die Trageschlaufen. Es klappte. Aber wie das jetzt aussah! Denn hier hing ja schon eine andere Reisetasche. Ich konnte kaum über meinen Gepäckbauch gucken.

Längst sahen mir Leute zu, was ich da mit unserem Gepäck die ganze Zeit machte. Ich aber versuchte, sie nicht zu beachten und mich auf meine Aufgabe zu konzentrieren.

Die ganze Fahrt über dachte ich an nichts anderes als daran, wie ich das Gepäck ohne Geld allein bis nach Hause bekäme.

Nach und nach erkannte ich unsere Gegend. Schließlich rollte der Zug im Bahnhof Dresden-Neustadt ein. Bis Hauptbahnhof musste ich noch fahren. Einige Reisende stiegen aus. Der Zug fuhr wieder an. Plötzlich wurde ungestüm die Abteiltür aufgestoßen. Meine Mutter und meine Tante drängten hindurch. In den Händen balancierten sie einen großen Pappbecher voller Limonade für mich.

Sie sahen mich hoch bepackt zwischen den Koffern stehen, entschlossen, alles allein durchzustehen. Sie bekleckerten mich mit der Limonade. Sie umarmten mich, was mit meinem Gepäckbauch gar nicht einfach war.

Dann redeten wir alle durcheinander.

Dabei erfuhr ich, dass die beiden in Berlin im letzten Moment in den ersten Wagen hinter der Lok eingestiegen waren. Sie wollten zu unserem Wagen laufen, merkten aber drei Wagen später, dass eine Tür absolut verschlossen war. Bis zu dieser Tür war auch ich gewandert. Erst am nächsten Haltepunkt konnten sie umsteigen. Aber der nächste Haltepunkt war erst der, der uns nach fast drei Stunden eben wieder zusammenführte.

Mir fiel ein Stein, groß wie eine Lokomotive, vom Herzen.

So viel geküsst, gestreichelt und bewundert wie in diesen fünf Minuten wurde ich niemals zuvor und niemals wieder!

Mein Lieblingsonkel

Mein allerliebster Lieblingsonkel war Kantor in einem Erzgebirgsdorf. Vor dem Krieg hatte er als Schuldirektor gearbeitet. Er war künstlerisch aber so vielseitig begabt, dass es klug von ihm war, nach dem Krieg ganz neu zu beginnen und Kantor zu werden. Er konnte nicht nur die Orgel spielen und die Chöre leiten, was ja für einen Kantor normal ist. Er komponierte auch. In wenigen Minuten zauberte er einen Kanon aufs Papier, der gut klang. Er schrieb Gedichte. Er zeichnete witzige Bilder und malte Ölbilder, als wäre er bei einem alten Meister in die Lehre gegangen. Unter seinen Händen entstanden mit Feder und Tusche kostbare Schriftblätter, entweder Psalmen oder Gedichte.

Und das Beste: Er hatte Humor! Deshalb ernannte ich ihn zu meinem Lieblingsonkel.

Leider musste ich aber eines Tages erfahren, dass mein guter Onkel auch eine dunkle, böse Seite hatte. Da führte er sich auf einmal wie ein brüllendes Ungeheuer auf. Er überhäufte seine Frau mit üblen Beschimpfungen. Im Haus wackelten die Türen, als er tobte. Ich hörte die gute Tante schluchzen und war selber bis ins Herz erschrocken!

Fast immer aber war er lieb und lustig.

Aber einmal kriegte ich von ihm doch eine Ohrfeige. Als er bei uns zu Besuch war, lud er mich zu einer Dampferfahrt auf der Elbe ein. Es war Sommer. Er lag in einem Liegestuhl auf dem Sonnendeck des Dampfers. Ich langweilte mich. Die Fahrgäste um mich herum schienen sich ebenfalls zu langweilen. Man könnte sie ja ein bisschen aufheitern, dachte ich ...

Ich stand direkt hinter dem Liegestuhl meines Onkels und sah auf seine Glatze hinab, die sich glänzend in der Sonne zu röten begann. Ich zeigte mit einer Hand auf seine schwitzende Glatze und hielt mit der anderen Hand meine Nase zu, so als ob die Glatze stinken würde. Einige Kinder kicherten, mehrere Leute guckten pikiert. Ich wollte natürlich alle zum Lachen bringen. Deshalb wurde meine Pantomime-Show nach und nach immer frecher. Ich tat so, als würde ich auf seine Glatze spucken und hielt ihm meine Zeigefinger wie Hörner an die Stirn, immer darauf bedacht, ihn nicht zu berühren. Mein Onkel hatte wohl durch einen Schlitz seiner Augenlider mein Treiben schon eine Weile beobachtet. Schließlich reichte es ihm; ohne Vorwarnung sauste seine Hand durch die Luft und landete auf meiner Wange.

Das war ein Schreck!

Er aber drehte sich auf die andere Seite, ohne ein Wort zu sagen, und tat so, als schliefe er weiter.

Das war wirklich die einzige Ohrfeige, die ich von ihm bekam.

Sonst waren wir beide sehr nett zueinander.

Ich durfte ihn in den Ferien besuchen. Täglich trug er mir auf, ein Bild zu malen. Irgendein Ferienerlebnis des vergangenen Tages sollte ich im Bild festhalten.

In seiner Kirche nebenan durfte ich die Glocken läuten. Dazu musste man ein dickes Seil ziehen. Am besten war immer das Ende des Geläutes. Dann klammerte ich mich mit Händen und Beinen an das Seil und wurde mehrmals in die Höhe gezogen, so lange, bis die

Glocke verstummte. Das konnte ich auch mit Buntstiften auf Papier festhalten.

Einmal brannte ein Haus und alle liefen hin, um das Drama zu sehen.

Qualm, Feuerwehrschläuche, Blaulicht, Befehle und Kommandos, Weinen und Geschrei, das Knistern und Prasseln des Feuers, die Dampfschwaden nach dem Verlöschen der Flammen ... all das fand sich tags darauf auf meinem Bild wieder.

Mein Onkel besaß sogar einen Fernsehapparat. Die Fernsehgeräte waren damals groß wie Kühlschränke, hatten aber nur einen kleinen, grauen Bildschirm, der ein verschwommenes Schwarz-Weiß-Bild zeigte.

Ich wunderte mich ein bisschen über meinen Onkel, diesen vielseitigen, feinsinnigen Künstler, dass ausgerechnet er eines Abends mit glänzenden Augen verkündet: »Heute Abend sehen wir uns einen Boxkampf an!«

Voller Vorfreude bereitete er eine gemütliche Fernseh-Ecke für uns vor. Ununterbrochen schwärmte er davon, dass dieser schwarze Boxer Cassius Clay ein ganz fabelhafter Bursche sei! Weil dieser Clay so flink auf den Beinen und wuchtig in den Fäusten sei, wäre er ziemlich eingebildet, dabei aber auf eine so lustige Art, dass er glaubte, ich würde mich auch krumm und schief lachen. Er wusste so viele Geschichten von dem Boxer zu erzählen, als ob sie miteinander in die Schule gegangen wären. Zum Beispiel wusste mein Onkel, wie dieser Clay zum Boxen gekommen war: Jemand hatte sein geliebtes Fahrrad gestohlen. Um den Fahrraddieb eines Tages mit gezückten Fäusten zur Rede stellen zu können, trat er in einen Boxclub ein.

Das Gesicht meines Onkels leuchtete, als wäre auch er ein Junge.

Ich freute mich langsam genauso auf den Abend wie mein Onkel, wenngleich ich nie zuvor einen Boxkampf gesehen hatte.

Während des Kampfes konnte ich kaum hinsehen, wie sich die beiden Boxer in die geschwollenen Gesichter hauten. Mein Onkel kommentierte jedoch alles auf eine so komische Art und Weise, dass ich einfach da bleiben wollte. Wenn Clay seinem Gegner auch noch Schimpfworte an den Kopf warf, dann übersetzte mein Onkel die Worte genüsslich vom Englischen ins Deutsche. Die Tante am Ofen schüttelte den Kopf und strickte an einem Pullover.

Meine Eltern hätten mich bestimmt sofort ins Bett geschickt, hätten sie mitgekriegt, was ich mir da ansah und was mein Onkel mir übersetzte. Aber sie waren ja nicht hier, und so lernte ich neue, unbekannte Seiten meines Onkels und der Welt kennen.

Zur Konfirmation schenkte mir mein Onkel ein Album aus schwarzem Karton. Meine Ferienbilder waren da komplett versammelt, dazu die Dankesbriefe für Geschenke zu Weihnachten und zum Geburtstag.

Ein selbst komponierter Kanon mit meinem Konfirmationsspruch bildete den Abschluss.

Kein Wort von der Ohrfeige, kein Wort von dem Ehestreit und kein Wort von Cassius Clays flinken Fäusten.

So verbanden uns viele liebe Erinnerungen und ein paar kleine Geheimnisse, von denen nur wir zwei etwas wussten.

Der Ferienbrief

Mein Lieblingsonkel verlangte bei meinen Besuchen nicht nur, dass ich täglich ein Ferienerlebnis male. Auch das noch: Mindestens einen Brief sollte ich in der Zeit nach Hause schreiben.

Auch wenn ich maulte und tausend Gründe erfand, warum ich heute und jetzt diesen Pflichtbrief nicht schreiben könne, ließ er nicht locker. Am vorletzten Tag machte er mir ein Angebot. Wenn ich solch einen Widerwillen gegen das Briefschreiben hätte, biete er mir an, dass er den Brief schreibe, und zwar auf der Schreibmaschine im Kirchenbüro. Unter einer Bedingung: Ich solle ihm diktieren.

»Das ist keine große Sache«, dachte ich und willigte ein.

Er schloss das Büro auf. Zwischen Regalen voller zerfledderter Aktenordner stand das Tischchen mit der altertümlichen Schreibmaschine. Er spannte einen Papierbogen in die Maschine und schaute mich erwartungsvoll an.

»Ich höre ...?!«, munterte er mich auf.

»Ihr Lieben zu Hause!«, diktierte ich, er klapperte los. Dann war wieder Stille im Büro. Nur die Uhr tickte: »Tick Tack, Tick Tack ...«

»Geht die Uhr richtig?«, fragte ich, weil mir zum Brief an meine Familie gerade nichts einfiel. Er tippte, ohne dass mir aufgefallen wäre, dass ich ihm doch gar nichts weiter diktiert hatte.

»Hast du vielleicht Bonbons hier?«

Er schüttelte grimmig den Kopf und tippte.

Dann fiel mir ein, dass ich gestern die Ringelnatter gefangen hatte. Nachts hatte sie Eier gelegt und zwar in den Pappkarton, worin ich sie gefangen hielt. Dabei war sie aber leider gestorben. Neben den wabbligen Eiern lag die Schlange, mit der ich gestern noch Kunststücke geübt hatte, steif und tot. Ich hatte sie begraben und mich bei einem Tierarzt im Dorf erkundigt, wie ich die Eier ausbrüten könne. Das hatte er mir erklärt. Ich stellte mir vor, wie wir ein Terrarium voller Schlangen im Garten haben würden. Meine Brüder, die bereits einen Goldfischteich angelegt hatten, müssten nur dieses Terrarium bauen.

Ich diktierte also mein Erlebnis und fragte dann, ob wir nicht endlich aufhören könnten, weil ich jetzt Hunger hätte. Mein Onkel schüttelte den Kopf und tippte und tippte. Da fielen mir die Schlangeneier wieder ein, und dass ich vergessen hatte, meine Brüder zu bitten, mit dem Bau des Terrariums zu beginnen.

Nachdem ich die Bitte an meine Brüder diktiert hatte, fügte ich halblaut hinzu, dass sie das ja wahrscheinlich sowieso nicht machen würden, weil sie mich nicht besonders leiden könnten. Mein Onkel tippte.

Ich erzählte auch noch, dass ich fleißig Geige geübt hätte. Mein Onkel kniff die Augen zusammen und wiegte den Kopf, tippte diese halbe Wahrheit aber doch ein. Als ich dann sagte: »Jetzt reichts! Schreib noch: Viele liebe Grüße, Euer Gerhard!«, tat er das.

Er las mir den Brief nicht noch einmal vor, sondern steckte ihn sofort in den Umschlag. Befreit von dieser lästigen Pflicht, rannte ich hinaus.

Was aber lasen meine Eltern zwei Tage später?

Nicht nur die von mir diktierten Briefstellen an sie, sondern absolut jedes Wort, was ich im Büro meines Onkels gesprochen hatte!

Na gut, er hatte gesagt, ich könne diktieren, er schreibe auf, was ich sagen würde. Daran hatte er sich gehalten. Ich wollte aber doch nicht, dass er solchen Blödsinn wie: »Geht die Uhr richtig?« oder »Hast du vielleicht Bonbons hier?« aufschrieb. Und wie peinlich war denn die Stelle, an der ich so schlecht über meine Brüder redete, dass sie das sowieso nicht machen würden, weil sie mich nicht leiden könnten ...

Genauso peinlich ist es, wenn man vor den »lieben Grüßen!« sagt: »Jetzt reichts!«

Ich war knallrot im Gesicht, als ich den Brief durchlas.

Dieses Scheusal! Er hatte mich voll blamiert vor meiner Familie.

Aber gesagt hatte ich ja schließlich auch alles, was da stand.

Bald schon verzieh ich ihm, schließlich kannte ich sonst keinen Erwachsenen, der so verrückt und begabt und so unberechenbar war wie er, mein Lieblingsonkel.

Alle meine Tiere

Wir hatten viele Tiere. Nicht viele auf einmal. Aber im Laufe der Zeit kamen doch viele zusammen. Struppi erwähnte ich schon. Er war der einzige Hund meiner Kindheit.

Zissi, meine Lieblingskatze, war ganz weiß, von den Ohren bis zur Schwanzspitze. Ein Engel von einer Katze! Sie stellte weder Vögeln nach noch legte sie uns Mäuse auf den Tisch. Ganz im Gegenteil, sie saß im Frühling unterm blühenden Kirschbaum und lauschte still dem Amselgesang.

Dennoch nahm sie ein tragisches Ende. Sie strich außerhalb unseres Grundstücks herum. Ein Stück entfernt spazierte auf der Straße ein Mann mit seinem großen, schwarzen Hund. Auf einmal stellte der Hund die Ohren auf, Zissi erschrak beim Anblick des Hundes, drehte sich um und sprang zurück. Der Hund ließ sein hilflos rufendes Herrchen stehen und setzte dem weißen Katzentier nach. Zissi schaffte es, auf den Holzzaun zu springen, doch noch ehe sie hinunter springen konnte, hatte dieser Unhold von Hund unsere Zissi am Schwanz gepackt und zog sie hinab. Kurz darauf klingelte es an unserer Tür. Der Hundebesitzer gestand zitternd die Tat seines Hundes. Wir holten die tote Zissi und standen weinend an ihrem Grab hinten im Garten.

Ein anderes Mal weinte ich bitterlich um ein Tier, obwohl das Weinen völlig grundlos war. Ich beweinte unser Schaf. Das Schaf war nicht etwa gestorben, es hatte auch nichts zu erleiden. Es wurde einfach nur geschoren. Ich aber war noch so klein und hatte keine Ahnung, dass es dem Schaf kein bisschen weh tut, wenn man es schert. Bisher hatte ich das Schaf nur in seinem dicken Wollpelz erlebt. Auf einmal wurde der Pelz mit einem elektrischen Trimmer entfernt, und mein gutes Schaf stand nackt und dünn vor mir auf der Wiese.

Im Haus hielten meine Brüder manchmal weiße Mäuse. Die wohnten nicht etwa in einem leeren Aquarium oder Käfig, sondern zwischen den alten Doppelfenstern ihres Zimmers, dort war nämlich Platz genug. Sie banden an den inneren Fenstergriff sogar ein dünnes Seil, legten auf den Griff etwas Käse, und schon zeigten die Mäuse, wie gut sie klettern konnten.

Meerschweinchen hatten wir auch immer wieder, bloß entwischten sie uns aus dem Freigehege und auch aus dem Stall. Dann suchten sie ausgerechnet im Garten unserer Nachbarn Möhren und andere Nahrung. Weil wir uns nicht dauernd die Klagen unserer Nachbarn anhören wollten, tauschten wir sie bei Schulkameraden gegen Schildkröten ein.

Doch auch die Schildkröten besuchten den Nachbargarten. Da sie den Ausbruch aber nur ganz selten schafften, fiel das nicht so auf. Wir hatten ihnen ein Haus aus Feldsteinen gebaut, in dem sie ihre Sommerwohnung hatten, im Keller aber überwinterten sie. Eine Schildkröte schmückte ein auffälliges Muster, nämlich ein markanter Stern in der Mitte des Panzers. Deshalb hieß sie »Sternchen«.

»Sternchen« war eines Tages weg. Wir baten auch die Nachbarn, in ihrem Garten nach der hübschen Schildkröte zu schauen. Nichts. Sie blieb verschwunden. Dann kam der Winter. Wir gaben sie für immer verloren.

Im Frühjahr aber klingelten Leute, die wussten, dass wir Schildkröten besaßen. Sie fragten, ob diese Schildkröte vielleicht uns gehören würde. Natürlich erkannten wir sie gleich an ihrem Stern wieder. Sie war einen weiten Weg gegangen, über unseren leeren Rummelplatz hinterm Haus, quer durch ein paar Felder, über die Straßenbahnschienen, durch Kleingärten und schließlich eine steile Straße hinauf bis in den Garten der Leute, die uns »Sternchen« zurückbrachten.

Im Garten gab es einen Goldfischteich. Klar, dass darin Goldfische hin und her schwammen. Auch die überwinterten im Keller, weil sie ja sonst eingefroren wären. Die Goldfische haben einige unserer wunderschönen Gartenfeste miterlebt. Meine Eltern haben dann für ihre Gäste und sich Erdbeerbowle bereitet, für uns Kinder Limonade und für die Goldfische frisches Wasser aus dem Gartenschlauch. In die Zweige der Bäume, die den Teich säumten, hängten sie Lampions, und ins Wasser des Teiches setzten sie vorsichtig schwimmende Kerzen, die wie Seerosenblüten aussahen. Da machten dann die Goldfische erstaunte Mäuler, wenn nicht nur Mond und Sterne, sondern viel hellere, goldglänzende Lichter über ihnen hinzogen.

Mein Vater fand neben der Kirchenmauer eines Tages einen grau-schwarzen Vogel mit blauen Augen und erklärte uns, dass das eine Dohle sei. Die Dohle hatte sich einen Flügel verletzt, sodass sie nur noch hüpfen konnte und sicher kaum überlebt hätte, wäre mein Vater nicht gekommen. Wir hatten natürlich keinen Käfig, der groß genug gewesen wäre für sie. Deshalb brachte mein Vater aus dem Konsum zwei geräumige Drahtkörbe mit, in denen sonst Gemüse gelagert wurde. Die hatte er sich geliehen, um sie für die Zeit unseres kranken Gastes zum Käfig umzubauen. Mein Vater wusste, dass Dohlen so gelehrig sind, dass sie sogar sprechen lernen und Melodien nachpfeifen können. Manchmal saß ich am Käfig und pfiff »Kuckuck, Kuckuck, ruft's aus dem Wald« oder versuchte, ihr »Guten Morgen, lieber Gerhard!« beizubringen.

Unsere Dohle aber war viel zu traurig zum Singen und Nachplappern. Womöglich war sie eine Vogelmutter, die durch ihren gebrochenen Flügel nicht zu ihren Jungen zurückfliegen konnte. Sie fraß schlecht, obwohl wir ihr gutes Futter gaben, und ihr fielen am Kopf die Federn aus vor Kummer. Eine richtige Glatze bekam sie.

Das tat uns allen so leid. Vergeblich hatten wir mehrmals im Garten den Käfig geöffnet, in der Hoffnung, dass sie weg flöge. Sie konnte es nicht.

Mein Vater erklärte uns eines Morgens, dass das arme Tier sich in Gefangenschaft wahrscheinlich solange quälen würde, bis es stürbe. Besser wäre es doch dann, wenn wir die Dohle in den Wald brächten und sie noch einmal ihre Freiheit erlebte.

Er band einen Korb auf den Gepäckträger, drinnen hockte die Dohle. Die ganze Familie radelte hinterher, damit wir sehen konnten, wenn sie uns verließ. Uns war bang zumute, aber wir sahen ein, dass mein Vater Recht hatte. Die Dohle hüpfte vorsichtig aus dem Korb, und schneller als gedacht war sie unter einer dichten Hecke verschwunden.

Auf dem Heimweg malten wir uns aus, wie viel besser sie sich dort erholen würde und dass am Ende alles gut wird für sie. Mein Vater widersprach uns nicht.

Auf dem Friedhof

Wenn eines unserer Tiere gestorben war, begrub ich es und bereitete ihm eine schöne Beerdigung. Die ausgehobene Erdgrube legte ich erst mit Gras und dann mit Blumen aus. Wenn es ein kleines Tier war, Maus oder Goldfisch zum Beispiel, wickelte ich ein größeres Blatt um den kleinen Körper. Mit Blättern und Blumen wurde es dann auch zugedeckt. Ich warf drei Hände voll Sand in das Grab und sprach: »Erde zu Erde, Asche zu Asche, Staub zu Staub!« Dann schaufelte ich das Grab zu und steckte ein Kreuz aus zusammengebundenen Ästen darauf. Wenn ich noch Lust hatte etwas zu singen, dann sang ich: »Befiel du deine Wege und was dein Herze kränkt, der allertreusten Pflege, des der den Himmel lenkt...«

Ein Freund erlebte einmal eines meiner Tierbegräbnisse und wunderte sich, woher ich wisse, was man da sagt und macht.

Ganz einfach: Ich war so oft mit meinem Vater auf dem Friedhof, weil ich das Kreuz vor der Trauergemeinde hertrug, wenn sie zum Grab ging. Am Kopfende des Grabes blieb ich dann mit meinem Kreuz stehen, bis mein Vater nichts mehr sagte und sich zum Gehen wandte. Dann verließ auch ich das Grab und lief schnell hinterher, bis ich ihn eingeholt hatte.

Mein Vater verbot mir, dass ich während der Trauerfeier zu den Leichenträgern ins Büro des Friedhofsmeisters ging, weil dort dauernd Schnaps getrunken und geraucht wurde. Ich sollte mich auf die Orgelempore setzen und warten, bis ich dran war. Der Kantor ordnete seine Noten oder döste vor sich hin.

Ein alter Cello-Spieler, der gelegentlich eines seiner drei Stücke spielte, tat etwas, was ich ganz schön unpassend fand. Er holte aus seiner Aktentasche eine Witze-Zeitung heraus und kicherte vor sich hin, während unten geweint wurde.

Ich schaute mir von oben die Trauergemeinde an. Ich machte mir Gedanken um die Verstorbenen, meistens wurde ja etwas aus ihrem Leben erzählt. Manchmal bekam auch ich feuchte Augen, obwohl es Fremde waren. Aber die Traurigkeit der Leute da unten konnte ansteckend sein.

Ich staunte, dass mein Vater nie weinen musste. Er hatte sogar seine beiden Eltern im Abstand von einem Jahr beerdigt. Zuerst war seine Mutter gestorben. Da war ich noch so klein und verstand von allem nicht viel. Tante Hanna hatte gesagt, wenn ich am offenen Sarg von Großmutter stehe, solle ich ihr noch ein Küsschen geben. Ich sah mir die tote Großmutter an, ihre weißen Haare waren ordentlich gekämmt, ihre Hände gefaltet. Großmutter hatte nie ein Küsschen von mir verlangt. Wieso sollte ich sie jetzt plötzlich küssen? Jemand schob mich dann weiter und ich ging wieder hinaus auf den Vorplatz und war erleichtert. Und während der Ansprache meines Vaters saß ich dann in der ersten Bank, nur zwei Plätze von Großvater entfernt. Ich beugte mich dauernd vor und guckte Großvater verwundert an. Er hielt ein Stofftaschentuch vor das Gesicht und sein ganzer Körper bebte. Aus seinem Munde kam ein Glucksen und Schluchzen, das aber irgendwie nach »ha ha ha hu hu ha ha...« klang. Ich flüsterte meiner Mutter ins Ohr: »Weint der Großvater oder lacht er?« Meine Mutter schüttelte ein wenig ärgerlich den Kopf und machte: »Pssst!«, damit ich still sei.

Mein Vater jedoch weinte kein bisschen, obwohl seine Mutter da im Sarg lag. Er sprach ganz ruhig von ihr, ihrem Leben, das nun vorbei war, und von dem anderen Leben, das auf sie warten würde. Das tröstete seinen Vater ein wenig, sodass er noch einmal laut ins Taschentuch posaunte und dann ganz still saß.

Ein Jahr später lag dann Großvater im Sterben und ließ meinen Vater rufen. Mein Vater fuhr mit der Straßenbahn nach Dresden ins Krankenhaus. Sein Vater hatte so lange gewartet, bis er da war. Die beiden beteten das »Vaterunser«, mein Vater segnete seinen Vater. Das hatte der Großvater einfach noch gebraucht, bevor er sich auf die Reise zur Großmutter machte.

Daran musste ich manchmal denken, als ich Jahre später von der Orgelempore in die Friedhofskapelle hinab sah.

Ich kannte die Stelle in der Andacht, wenn ich aufstehen und mit dem langen Kreuz vor der Tür Aufstellung nehmen musste. Ich führte den ganzen Trauerzug an, wusste jedoch nie, wo entlang der Weg zum Grab ging. Ich brauchte einfach nur die Ohren zu spitzen, denn der Friedhofsmeister, der in Frack und Zylinder hinter mir mit meinem Vater ging, flüsterte: »Achtung, jetzt links!« oder »Den zweiten Weg rechts rein, dann siehst du das Grab.«

Am Kopfende des Grabes nahm ich dann Aufstellung. Das Grab war mit zwei Balken quer bedeckt. Zwischen den Balken lagen drei feste, schmale Tücher säuberlich bereit, die später zum Herablassen des Sarges dienten. Auf diesen Balken wurde zunächst der Sarg abgesetzt. Die vier äußeren Leichenträger hoben dann den Sarg mit den Tüchern an, und die beiden in der Mitte mussten die Balken zur Seite ziehen, dann griffen auch sie sich das Tuch, und alle sechs ließen langsam den Sarg hinab.

Diese Stelle war die spannendste. Denn die alten Männer waren manchmal nicht ganz bei der Sache, und irgendetwas ging schief. So hatte einer der beiden äußeren Träger das Tuch noch gar nicht fest gegriffen, als der andere bereits mit aller Kraft daran zog. Das hatte zur Folge, dass der Mann nach hinten umfiel und mit seinem Hintern in einem Grabkranz landete. Dort steckte er mit rotem Kopf und wackelte mit den Beinen. Alle standen verdutzt dabei, und in dieser Stille zischte der erboste Leichenträger seinen Kollegen an: »Du Rindvieh!« Alle taten so, als hätten sie es nicht gehört. Mein Vater musste aber schnell das Taschentuch rausholen und so tun, als müsse er sich schnäuzen, weil er einen Lachanfall bekam.

Ein anderes Mal passierte in diesem kritischen Moment noch etwas Peinlicheres. Ein sehr, sehr dicker Händler war gestorben, und man hatte keinen passenden Sarg für ihn gefunden. Der Deckel ging nicht richtig zu, sodass man ein Seil darum gebunden hatte. So schwer hatten die alten Männer sonst ja nie zu tragen. Und da geschah das Unglück: Als die vier Männer außen den Sarg anhoben, purzelte ein Balken in das Grab und verkeilte sich schief da unten. Nun mussten die armen Träger den schweren Sarg am Grabrand herum balancieren und am Weg absetzen. Einer rannte zu einem Schuppen, um eine Leiter zu holen. Dann kletterte er runter und reichte den Balken hoch. Endlich konnte alles ordentlich weitergehen.

Normalerweise sind solche kleinen Pannen ja nicht so schlimm. Eine Beerdigung aber ist so eine unnormale Situation, in der alle sehr angespannt, steif und ernst sind.

Als ich das Kreuz das erste Mal trug, hatte mein Vater vergessen, mir zu sagen, dass ich mich ihm anschließen soll, wenn er das Grab verlässt. Dann verweilen nämlich die Trauergäste oft noch ein wenig am Grab. Sie schütteln den nächsten Verwandten des Toten die Hände und sagen: »Mein Beileid!« oder »Ich fühle mit ihnen«, und solche Sachen. Oder sie sprechen ganz normal miteinander.

Mein Vater war bei meinem ersten Friedhofsdienst jedoch gegangen und ließ mich stehen. Ich dachte, er würde schon irgendwann kommen und mich abholen. So stand ich mit meinem Kreuz am offenen Grab. Die Menschen warfen Blumen hinein, sie schüttelten einander die Hände, einige weinten, einige gingen, kleine Grüppchen standen noch herum und sprachen leise miteinander. Es wurden immer weniger.

Ich aber stand und stand wacker da und verließ das Grab nicht.

Schließlich waren nur noch zwei Männer übrig geblieben. Die wunderten sich über mich und dachten bestimmt, ich wartete – so wie manche Kellner oder Hotelboys – auf ein Trinkgeld. Jedenfalls näherte sich einer der beiden, steckte mir ein Fünfzig-Pfennig-Stück in die Hand und raunte mir zu, jetzt könne ich gehen.

Als ich meinen schwarzen Chormantel an den Haken hängte, kam mein Vater. Er hatte mich tatsächlich vergessen. Auf dem Fahrrad war ihm eingefallen, dass er ja noch sein Söhnchen mitnehmen müsse.

Es tat gut, den Friedhof hinter sich zu lassen und — den Wind in den Haaren, die Sonne auf der Haut — mit Vater nach Hause zu radeln.

Frisiersalon Jacob

Tante Hanna und Onkel Paul besaßen ein winziges, enges Friseurgeschäft. An der Glastür stand »Frisiersalon Jacob«, darüber hing der Silberteller, der an fast jedem Friseurgeschäft hing, so wie die Brezel beim Bäcker.

Weil sie die Patentante meiner kleinen Schwester war, sagten wir alle zu ihr »Tante Hanna« und zu ihrem Mann »Onkel Paul«. Sie war eine kleine, tüchtige Frau mit unzähligen Fältchen im Gesicht.

Gleich neben dem Friedhof lag das Grundstück der beiden. Am Rande ihres üppig bepflanzten Gartens stand ihr Häuschen, wie maßgeschneidert für die kleine Tante. Nur Onkel Paul musste in der Tür den Kopf einziehen.

Ihre eigenen Kinder waren längst aus dem Haus, deshalb freuten sie sich über Kinderbesuch.

Onkel Paul hatte einen Fotoapparat mit zwei Linsen. Damit machte er »Stereofotos«, die ich mir dann durch einen Bildbetrachter anguckte. Ich kam aus dem Staunen nicht heraus. Alles sah so täuschend echt aus, als könne ich hineingreifen in das Bild. Weil sich aber in dieser fast echten Welt nichts bewegte, dachte ich: Genauso hat der Prinz das verwunschene Schloss von Dornröschen gesehen, als alle schliefen, nichts und niemand sich bewegte ...

Zu ihnen nach Hause jedenfalls ging ich lieber als in ihren Frisiersalon.

Kaum wuchsen meine Haare knapp über die Ohren, musste ich dort hin.

Gleich hinter der Eingangstür war der Bereich für die »Damen«. Zwei Frisiersessel vor Spiegeln und zwei Trockenhauben, das war alles. Tante Hanna bediente meist gleich zwei bis drei Frauen auf einmal. Der einen wusch sie die Haare, während bei der Zweiten die Brennnesselpflegepackung von Kneipp einwirken sollte und die Dritte mit Lockenwicklern unter der Trockenhaube döste.

Der Durchgang zum »Herrensalon« war mit einem Perlenvorhang abgetrennt. Dieser Raum war halb so groß, es stand auch nur ein Frisiersessel darin. Auf den Stühlen am Rande warteten immer mehrere Kunden.

Alten Männern rasierte Onkel Paul sogar die weißen Bartstoppeln. Nachdem er ihnen das Kinn eingeseift hatte, nahm er sein klappbares Rasiermesser, schärfte es mit flinken Bewegungen an einem Lederriemen und zog dann das Messer durch den Schaum. Am Ende saß ein glattrasierter Mann im Sessel, der noch mit duftendem Rasierwasser betupft wurde.

Manchmal las ich abgegriffene Illustrierte, während ich wartete, öfter jedoch lauschte ich den Gesprächen.

Onkel Paul redete mit den Männern nicht allzu viel. Er erzählte manche Witze immer wieder. Die Männer schimpften gern auf alles mögliche. Einmal saß der Gärtner Bäumer eingeseift im Sessel. Als er mich erblickte, schimpfte er auf meine Brüder, weil die seiner Meinung nach die Haare viel zu lang trügen. Onkel Paul musste ihn beruhigen, weil er mit dem Rasiermesser am Hals zu tun hatte. Durch den Schaum presste der Gärtner mit schmalen Lippen noch die Worte: »Wenn ich denen ihr Vater wäre, würde ich denen ihre Haare einzeln mit der Peitsche vom Kopp knallen!«

»Pscht-Pscht!« machte Onkel Paul. Da war der alte Rabauke still.

Tante Hanna hörte sich geduldig die Geschichten der Frauen an, denen sie gerade die Haare wusch und frisierte. Da sie selber viel Schweres durchgemacht hatte, beriet sie die Frauen manchmal. Sie freute sich mit den einen und war besorgt mit den anderen. Klatsch und Tratsch duldete sie hingegen nicht. Davon hielt sie ihren Frisiersalon sauber. Meinen Eltern gestand sie, dass sie alles, was ihr die Frauen erzählen, »zu Gott bringt«. Damit meinte sie, dass sie täglich für ihre Kundinnen betete.

Obwohl sie das selbst im Gespräch mit den Frauen alles schon ziemlich gut gemacht hatte, glaubte sie fest daran: Gott macht es besser.

Wenn ich dran war, winkte mich Onkel Paul zu seinem Spezialsessel. Das war ein schwarzledernes Ungetüm, so eine Mischung aus Zahnarzt- und Pilotensessel. Eine weiß bezogene Kopfstütze war daran und ein Pedal, mit dem er mich in die Höhe pumpte, damit er sich beim Frisieren nicht bücken muss. Zunächst bekam ich eine Plasteschürze umgehängt; bevor er sie am Hals verschnürte, wurde mir noch elastisches Krepppapier um den Hals gewickelt. Er schob die Brille zurecht und fragte in den Spiegel hinein: »Fassonschnitt, wie immer?« Ich kannte gar keinen anderen Schnitt und nickte. Da nahm er seinen elektrischen Trimmer, wie ich ihn schon beim Schafscheren gesehen hatte, setzte am Hals an und bewegte das Ding aufwärts. Die Haare sanken lautlos zu Boden.

Nun kam Phase Nr. 2: Mit der Schere umtänzelte er mich und schnippelte ununterbrochen in der Luft herum, manchmal auch an meinen Haaren. Wenn Haare trotz des Umhanges in meinen Rücken rieselten, pikte es noch bis zum Abend.

Die Phase Nr. 3 mochte ich am wenigsten: Dann versprühte er aus einem Fläschchen eine feine Seifenlösung um die Ohren. Die rann kalt den Rücken hinab. Er klappte das Rasiermesser auf, schärfte es wieder routiniert und schabte schließlich die Borsten weg, die um die Ohren herum verblieben waren.

Zu guter Letzt zauberte er hinter seinem Rücken einen runden Spiegel hervor. Jetzt sollte ich sein Werk bewundern. Jedes mal fand ich es hässlich und sagte aus Höflichkeit: »Ist gut so, vielen Dank!« Er entfernte die Schürze und das Krepppapier, wedelte noch mit einem weichen Bürstenpinsel an meinem Hals herum. Endlich hielt er die Hand auf. Ich legte eine Mark hinein und konnte gehen.

Draußen verstrubbelte ich die blöde Frisur sofort. Vorm Spiegel zuhause im Bad liefen mir dann die Tränen übers Gesicht. Wie bescheuert sah ich schon wieder aus!?

Die Ohren, die durch die rasierte Haut drumherum noch auffälliger abstanden, der rasierte Nacken, dieser dämliche Pony, leicht angeschrägt ...

Meine Mutter lobte meine »fesche Frisur«.

Hätte ich doch Tante Hanna meinen Kummer erzählen können, wie unglücklich ich nach jedem Friseurbesuch war, vielleicht hätte sie es zu Gott gebracht.

Dann hätte Gott es meinen Eltern bestimmt ausgeredet.

Dann hätte ich nie mehr zum Frisiersalon gehen brauchen.

Dann hätte sich der Gärtner noch viel mehr aufgeregt. Das aber hätte ich kein bisschen bereut.

Hätte ... hätte ... hätte ...

Männel

Geburten sollen ja sehr anstrengend sein, sowohl für die Mutter als auch für das Kind. Ich kann da leider nicht mitreden, weil ich natürlich nie Mutter war und ich mich auch als Baby bei der Geburt kein bisschen anstrengen musste.

Aus irgendeinem Grund meinten die Ärzte meiner Mutter, ihr fünftes Kind (also ich) könne eine problematische Geburt werden, man empfehle ihr einen »Kaiserschnitt«. Anschließend riet der Arzt ihr dringend zu einer Mutter-Erholungskur. Möglichst allein, ohne Baby, sobald sie das Kind nicht mehr stille.

Als ich acht oder neun Monate alt war, reiste meine Mutter zur Kur. Meine großen Geschwister waren in der Zeit bei Bekannten untergebracht. Nur mein Vater und ich blieben im Haus. Vor der Abfahrt hatte meine Mutter alles aufgeschrieben, woran mein Vater denken musste. Damals gab es zum Beispiel noch keine Wegwerfwindeln und keine fertigen Babybreichen zu kaufen. Mein Vater hatte also neben seinem Beruf eine Menge zu tun, damit sein Baby zufrieden war. Er gab mir das Fläschchen, nachdem er die Temperatur selber überprüft hatte. Er rührte Breichen an. Er windelte mich mehrmals, wusch die Windeln und hing sie zum Trocknen auf die Leine.

Er wiegte mich in seinen Armen ein und nahm mich mit in sein Bett, damit er nur ja wach würde, wenn ich etwas wollte. Bestimmt hat ihn das angestrengt, es muss ihm aber auch Freude gemacht haben. Schließlich schrieb er in der Zeit ein süßes, liebes Gedicht über uns zwei. Im Gedicht war all das beschrieben, wie der Tag mit uns beiden war vom Aufstehen bis zum Zubettgehen. Wie erfinderisch er sein musste, damit ich zufrieden war und nicht gar zu sehr meine Mutter entbehrte. Jede Strophe aber schloss mit den Worten: »Hab ich doch mein Männele, mein Männele hat mich.«

Bei Mutters Heimkehr las er ihr und meinen Geschwistern beim Abendbrot das Gedicht vor.

Die wiederkehrenden Worte: »Hab ich doch mein Männele, mein Männele hat mich«, fanden meine Geschwister so lustig, dass sie bei der dritten Strophe bereits die Worte mitsprachen.

Fortan hieß ich zuhause nur »Männel«. Nie wurde ich in meiner Kindheit mit dem richtigen Namen gerufen, ich vergaß ihn selbst fast. »Männel« hieß ich.

Dann begann die Schule. Am ersten Schultag rief die Lehrerin jedes Kind namentlich auf, wir mussten so lange stehen bleiben und uns von allen angucken lassen, bis der nächste Name aufgerufen wurde. Dabei stellte sich heraus, dass es zwei Lothars gab. Die Lehrerin fragte die beiden, ob sie vielleicht noch einen Spitznamen hätten. Beide schüttelten die Köpfe. Nun rief sie die beiden nach vorn. Wie sie da nebeneinander standen, sahen es alle: Der eine war besonders groß, der andere war ziemlich klein. Deshalb hießen die beiden von nun an: »Lothar der Große« und »Lothar der Kleine«.

Auch der Name »Gerhard« tauchte leider zweimal auf. Wieder fragte die Lehrerin, ob nicht einer von uns einen Spitznamen hätte. Der andere Gerhard verneinte, ich aber verriet, dass meine Eltern und Geschwister

»Männel« zu mir sagen. Hätte ich geahnt, was damit auf mich zukam, hätte ich auch »Nein!« gesagt.

Zehn Jahre lang hieß ich nun »Männel«. Auch als ich gar nicht mehr klein war, sondern schon ein richtiger junger Mann mit tiefer Stimme und den ersten Barthärchen – dieses putzige »Männel« blieb.

Es gibt harmlose Spitznamen und ganz üble. Ein Mädchen, das eigentlich Beate hieß, bekam von Mitschülern die gemeinsten Spitznamen angehängt.

Beate wuchs ohne Vater auf, was in meiner Kindheit eine Seltenheit war. Sie war ein sehr gutes Mädchen, das seiner kranken Mutter half. Die Mutter flocht ihr früh die Zöpfe. An ihren langen Zöpfen erkannte man sie schon von weitem. Aber auch an ihrem Gang war sie zu erkennen. Sie lief nämlich nicht so zierlich »mädchenhaft« (meine Kinder würden sagen »tussihaft«), sondern eher etwas breitbeinig mit großen Schritten, fast wie ein Cowboy.

Weil ihre kranke Mutter sehr sparsam leben musste, trug Beate auch nicht gerade die modernsten Mädchensachen, sondern auch abgetragene Sachen, die ihnen geschenkt worden waren.

Einige Jungs aus meiner Klasse ärgerten sie ständig. Sie ließ sich jedoch nichts gefallen und kämpfte oft mit Jungs. Ängstlich jedenfalls war sie nicht. Im Winter sah ich einmal zu, wie sie gegen mindestens sechs Jungs eine Schneeballschlacht machte. Breitbeinig stand sie im Schnee und formte im Schneeballhagel tapfer ihre Bälle, die sie gegen die johlende Übermacht der Jungen schleuderte. Diese Feiglinge! So viele Jungs gegen ein einziges Mädchen! Nun ja, ich war selber ein Feigling, weil ich mich nicht traute, ihr beizustehen.

Weil einige Jungs ihr beim Kämpfen unterlegen gewesen waren, rächten sie sich auf eine ganz gemeine Weise. Sie gaben ihr einen Haufen Spitznamen, einer fieser als der andere. »Stampfi« und »Plumpsack« waren dabei, der übelste aber »Rotze«. Sie tat so, als mache ihr das gar nichts aus. Sicher war sie in Wirklichkeit oft traurig darüber. Womöglich hat sie das nicht einmal ihrer kranken Mutter erzählt, damit sie sich nicht unnötig aufregte.

Jemand, der in seiner Kindheit so gemein von anderen behandelt wurde, will es später den anderen vielleicht »heimzahlen«, könnte man denken. Die werden dann womöglich Politesse und verteilen Strafzettel mit grimmigem Genuss, oder schikanieren als Kindergärtnerin, Gefängniswärterin oder Zwölfkampftrainerin ihre Untergebenen.

Nichts davon bei Beate. Sie wollte anderen helfen und wurde Krankenschwester.

Während ihrer Ausbildung fuhren wir manchmal mit dem selben Zug, dann verloren wir uns aus den Augen.

Zwei Jahre, bevor die Grenze in Deutschland fiel, längst war ich ein erwachsener Mann, durfte ich zu Konzerten nach Bayern reisen. An einem Nachmittag in Erlangen lieh ich mir ein Fahrrad aus. Und weil noch genug Zeit bis zum Abendkonzert war, radelte ich durch die fremde Stadt, in der mich niemand kannte, wie ich dachte.

Doch – oh Wunder – nach zwanzig Jahren höre ich zum ersten Mal jemanden laut und deutlich: »Hallo, Männel!« rufen. Ich stieg ab und drehte meinen Kopf hin und her, wer von den Vorübereilenden diesen Namen gerufen haben könnte. Dann sah ich sie auf der anderen Straßenseite wild mit den Armen fuchteln. Es war Beate.

In der städtischen Universitätsklinik war sie Oberschwester. Wir standen auf der Straße und staunten uns an. Es gab viel zu erzählen!

Bevor wir uns verabschiedeten, bat ich Beate um einen Gefallen: »Falls wir uns wieder einmal treffen, sag ruhig meinen richtigen Namen, dieses ›Männel‹ kann ich überhaupt nicht mehr leiden.«

Wie ein alter Kumpel klopfte sie mir auf die Schulter: »Geht in Ordnung, Männel!«

Das Aktfoto

Als ich zwölf oder dreizehn war, interessierte es mich irgendwann, wie eine nackte Frau aussieht. Meine Brüder hatte ich schon nackt und meinen Vater halbnackt gesehen, aber weder Mutter, Schwestern noch sonst ein weibliches Wesen. Heute kann man kaum an einem Zeitungsladen vorbeigehen, ohne einen nackten Busen zu sehen. In meiner Kindheit war das ein Riesengeheimnis.

Einmal erzählte mir mein Banknachbar hinter vorgehaltener Hand, dass abends im Fernsehen ein Film mit dem Titel »Das Gänseblümchen wird entblättert« gezeigt würde. Darin würde sich, so hatte er es belauscht, die französische Schönheit Brigitte Bardot ausziehen. Er hatte vor, sich nachts zum Wohnzimmer zu schleichen und durchs Schlüsselloch zu gucken, um diese aufregende Stelle des Films zu sehen.

Ich war ziemlich neidisch auf ihn, schließlich hatten wir keinen Fernseher, außerdem hätten sich meine Eltern niemals solch einen Film angesehen.

So tappte ich weiter im Dunkeln.

Es gab immerhin ein Märchenbuch mit einer Illustration des Sterntaler-Mädchens. Eine wunder-wunderschöne nackte Jungfrau war da zu sehen. Allerdings umhüllten ihre langen, blonden Haare den ganzen Körper, sodass man nichts richtig sah.

Eines Tages hatte ein Junge aus meiner Klasse so ein Bildchen. Wo er das gefunden hatte, weiß ich nicht. Es war weder aus einer Zeitung noch aus einem

Buch herausgerissen, sondern war ein normales kleines Schwarzweißfoto. Und darauf stand eine Frau im Schlüpfer mit ihrem echten, nackten Busen. Ich staunte das Bild an und dachte: So also sieht das aus!!!

Mein Mitschüler tauschte das Foto gegen eine silberne Badewannenstöpselkette. Nun musste ich das Foto vor fremden Blicken hüten, weil ich mir dachte, dass es Ärger geben würde, wenn meine Eltern oder Lehrer das Foto fänden.

Leider machte unsere schreckliche Klassenlehrerin ab und zu Ranzenkontrollen, um Ordnung und Sauberkeit unserer Schulranzen zu überprüfen. Und leider zog sie bei so einer Kontrolle das Foto mit spitzen Fingern aus meinem Ranzen.

Das war mir ja schon peinlich genug. Aber meine Lehrerin war kein taktvoller Mensch. Sie kostete es so richtig aus, jemanden vor anderen fertigzumachen.

Sie schrie mich an, dass ich ein ganz schmutziges Ferkel sei und dass ich die Ehre meiner Mutter in den Dreck ziehe und lauter Dinge, die ich nicht verstand. Nur soviel verstand ich: Ich hatte etwas ganz, ganz Schreckliches getan, und das würde ein schlimmes Nachspiel geben.

Beim nächsten Elternabend berichtete sie meiner Mutter mein Vergehen. Meine Mutter hatte wohl Verständnis für meine Neugier und ließ die aufgebrachte Lehrerin abblitzen.

Nur ein kleines bisschen hat sie angedeutet, dass da unter anderem die Rede von so einem Foto war ...

Dann aber streichelte sie mich lächelnd.

Meine Mutter war und ist eben doch ein sehr taktvoller Mensch.

Schwarze

In meiner kleinen Stadt waren alle Menschen weiß. Ich besonders, weil ich nicht viel Sonne vertrug. Wenn meine Brüder sich gesonnt hatten, verglichen sie die Bräune ihrer Unterarme. Es war aussichtslos, meinen Arm vorzuzeigen, sie hätten nur gespottet und seine Farbe als »käsig« eingestuft.

Dass es auch schwarze Menschen gibt, habe ich zuerst an einer nickenden Puppe auf einer Spendendose gesehen. Auf dem Rand dieser uralten Dose stand »Deine Gabe für die Mission«. Soviel wusste ich: Missionare waren Christen, die in fernen Ländern von Jesus erzählten und manchmal Gutes, manchmal weniger Gutes taten. Dieser kleine afrikanische Junge auf der Spendendose nickte dankbar bei jeder Münze, die man einwarf. Bei einem Pfennig war das ein kaum merkliches Nicken, bei Markstücken wackelte der Kopf heftig hin und her. Etwas später hielt ein richtiger Missionar einen »Lichtbilderabend über Afrika«. An die große Leinwand projizierte er Fotos und erzählte von seiner Arbeit in Tansania. Auf einem Foto war die Innenseite der Handfläche eines Afrikaners zu sehen. Nie hätte ich mir vorgestellt, dass sie fast so weiß war wie meine, seltsam ...

Einmal übte unsere Kurrende ein afrikanisches Lied ein, weil ein Bischof aus Afrika unsere Gemeinde besuchen wollte. »Nkosi Sikelel' iAfrika« hieß das Lied, das bedeutet »Gott segne Afrika«. Und nach einer wegen der unbekannten Sprache etwas längeren Übungszeit als sonst wurde dieses Lied zu unserem Lieblings-stück.

Der afrikanische Bischof sang spontan das Lied mit, dabei merkten wir, dass wir den Text ziemlich falsch aussprachen. Er machte außerdem Schnalz- und Knacklaute mit dem Mund. Wir mussten uns ganz schön zusammenreißen, um nicht loszulachen.

Mein Vater hielt wöchentlich in einer Lungenheil-stätte eine Andacht. Dort lag auch eine Afrikanerin, die meinen Vater sofort »Vati« nannte. Das rührte ihn so sehr, dass er sie zu uns nach Hause einlud. Sie besuch-te eine Sprachschule im Nachbarort und brachte drei ihrer Freunde mit. Alle sprachen ein wenig deutsch. Was für ein Erlebnis! In unser Nest verirrte sich alle paar Jahre jemand aus Afrika. Und plötzlich kamen am Sonntagnachmittag vier Afrikaner in unseren Garten. Die Nachbarn, die auf dem Balkon saßen und im Garten arbeiteten, machten lange Hälse und große Augen. Der Gartentisch war festlich gedeckt. Meine Mutter hatte zwei Tortenböden mit Erdbeeren belegt. Da das Gelee, das sie über die Erdbeeren gegossen hatte, die Torten-böden aufgeweicht und ganz matschig gemacht hatte, dachten die Afrikaner, das sei eine spezielle Nachspei-se. Als Kuchen oder Torte erkannten sie es nicht. Das merkten wir, als einer sagte: »Bitteschön noch einmal Pudding!« Meine Mutter entschuldigte sich für die auf-geweichte Torte, und wir Kinder kriegten uns vor La-chen gar nicht wieder ein, weil der Mann das so höflich und treffend gesagt hatte.

Im Grunde wussten wir fast nichts über Afrika. Wir wussten zum Beispiel nicht, dass es dort modernere Großstädte gab als bei uns und dass unsere Besucher

zu Hause bereits studiert hatten und mindestens zwei Fremdsprachen beherrschten. Wir stellten uns vor, dass sie halbnackt durch den Wald liefen, wie wir das auf alten Fotos in einem längst überholten Buch gesehen hatten. Für uns war klar: Afrikaner trommeln und tanzen dazu in Röcken aus Bast.

Die Frau, die meinen Vater »Vati« genannt hatte, besuchte uns seitdem öfter, mal mit Freunden, mal allein. Nun sagte sie auch »Mutti« zu meiner Mutter. Als sie wieder einmal ihren Besuch angekündigt hatte, wollten wir Kinder gern, dass sie einmal für uns tanzt. Wir hatten »Nkosi Sikelel' iAfrika« erneut geübt und einen pseudoafrikanischen Schlager, in dem »Hejo! Hejo! Der Löwe schläft heut Nacht« vorkam. Unsere Afrikanerin kannte diesen Schlager noch nicht, das andere Lied erkannte sie.

Wir nahmen unseren ganzen Mut zusammen und fragten, ob sie für uns tanzen würde, wenn wir dazu trommelten ... Einen umgedrehten Papierkorb aus Sperrholz und Pappkartons hatten wir schon bereitgestellt.

Sie musste über unseren Wunsch eine ganze Weile kichern. Aber sie tat uns den Gefallen. Sie band sich ein buntes Tuch um und wackelte mit den Hüften. Sie warf die Schuhe in die Ecke und stampfte im Kreis durchs Kinderzimmer. Aus ihrem Mund ertönten hohe Trillerlaute zu unseren Papptrommeln. Wir waren begeistert und dachten: Bestimmt bekommt sie jetzt ein bisschen Heimweh, weil es bei uns so echt afrikanisch zugeht. Sie musste aber immer wieder Lachpausen einlegen.

Zum Abschied küsste sie uns und sagte, sie sei nun auch unsere Schwester.

Leider wurde sie dann irgendwohin geschickt, und wir sahen unsere neue Schwester nicht mehr.

Als Erwachsener reiste ich einmal mit meiner Gitarre nach Afrika. So sehr ich mich auch umsah, meine afrikanische Schwester traf ich nicht wieder. In Namibia spielte ich mit einer jungen Band zusammen. Der Text ihres erfolgreichsten Liedes kam mir richtig exotisch vor. Ich verstand kein Wort, aber ich fand, dass nicht nur die Melodie, sondern auch der Text sehr musikalisch klang. Das könnte wirklich so etwas sein wie »Der Löwe schläft heut Nacht...«, dachte ich.

Dann übersetzte mir die Dolmetscherin das Lied. Es erzählte keine Geschichte, handelte von gar nichts, es war ein Spaß, bei dem sie lediglich die Namen lauter afrikanischer Fußballvereine aneinander gereiht hatten.

Zum Abschied schlugen wir, die Jungs der Band und ich, einander in die Hände.

Und diese Stelle, die sich da berührte, kannte keinen Farbunterschied.

Seltsam ...

Wiederkäuer

Weil meine Klassenlehrerin so streng wie eine Raub-
tierdresseurin war, kuschten alle Kinder vor ihr.

Die netten Lehrerinnen hatten das dann manchmal
auszubaden, denn bei denen führten wir uns umso
mehr wie junge Raubtiere auf.

Einmal fühlte ich mich besonders schlau, als ich unsere milde und freundliche Biologielehrerin hereinleg-
te. Danach aber, als sie sich auch noch entschuldigte,
schämte ich mich dafür.

Sie hatte über Rinder gesprochen und an die Tafel
groß den Begriff »Wiederkäuer« geschrieben. Ich aber
überlegte: »Kommt Wiederkäuer wirklich von *wieder*,
also noch einmal kauen, oder muss das vielleicht *Widerkäuer*, also *Gegenkäuer* heißen, weil die Rinder ihr
Gekautes ja in die entgegengesetzte Richtung noch einmal hochwürgen, um es erneut zu kauen?«

Ich schaute im Duden nach und sah: Ja, stimmt! Sie
hatte es richtig geschrieben!

Und plötzlich kam mir der Einfall: Ob ich die Lehrerin aufs Glatteis führen konnte? Ich meldete mich
und sagte scheinheilig: »Sie haben da Wiederkäuer mit
ie an die Wandtafel geschrieben. Es wird aber nur mit
i geschrieben, weil das Widerkauen von Gegenkauen
kommt.«

Die Lehrerin bedankte sich für meinen Beitrag und
wischte das *e* weg. Nun stand *Widerkäuer* da. »Ich hoffe,
es hatte noch keiner von euch abgeschrieben?!« sagte
sie auch noch und blinzelte freundlich in die Runde.

Ich kleiner Fiesling aber meldete mich schon wieder. Diesmal ganz schön triumphierend, schließlich war ich sonst nie so besonders helle in der Schule. Und was sagte Klein-Fiesling?

»Ich wollte nur mal sehen, ob Sie darauf hereinfallen, es wird nämlich tatsächlich mit *ie* geschrieben, weil es eben nicht von ›gegenkauen‹, sondern von ›noch einmal kauen‹ kommt!«

Peng! Das hatte gesessen. Die arme Lehrerin guckte mich ungläubig an.

Ich, ganz auf der sicheren Seite, erhob mich unaufgefordert, stolzierte mit geöffnetem Duden durch den Mittelgang und hielt ihr das Wort *Wiederkäuer* unter die Nase.

Hätte sie jetzt ein Donnerwetter veranstaltet, hätte ich es verdient. Aber nein, kleinlaut wischte sie das breit eingefügte *i* wieder weg und schrieb erneut *ie* hinein.

»Ich bin in solchen Sachen manchmal nicht so sicher«, entschuldigte sie sich vor der Klasse.

Eine Lehrerin, die einen Fehler einräumt, hatte ich noch nie erlebt.

Da erst verstand ich, dass das eine große Stärke von ihr war.

Wie weggeblasen waren meine Triumphgefühle.

Ich .... Dich!

Ein neues Mädchen stand eines Morgens schüchtern vor unserer Klasse. Die Neue hatte alles, was ich bei einem Mädchen mochte: lange, braune Haare, die ihr sanft auf die Schultern fielen, und große, dunkle Augen. Sie saß in der Fensterreihe ganz hinten. Mein Platz war in der Mittelreihe, ein Stück vor ihr. Immer wieder drehte ich mich nach ihr um und konnte mich einfach nicht satt sehen.

Wenn sie meinen Blick bemerkte, drehte ich mich schnell weg.

Sie hieß Inge.

Es war erst das zweite Mal, dass ich beim Anblick eines Mädchens spürbar Herzklopfen kriegte. Das erste Mal, dass ich mich ein wenig in ein Mädchen verguckte, war auf der Eislaufbahn, die die Feuerwehr auf unserem Schulhof eingerichtet hatte. Dort tanzte ein Mädchen im weißen Rock auf der Eisfläche. Auf dem Kopf trug sie eine flauschige, weiße Mütze aus Angorawolle, einer Riesenschneeflocke ähnlich. Wie sie da übers Eis schwebte, konnte ich den Blick nicht von ihr abwenden. Ich wollte sie gern von Nahem sehen. Darum stakste ich auf meinen Schlittschuhen aufs Eis, versuchte sogar ein paar mutige Drehungen. Kurz vor ihr aber kam ich ins Straucheln und landete auf dem Bauch. Als ich zu ihr hoch blickte, sah ich, wie sie losprustete vor Lachen, sich dann hochmütig umdrehte und davonrauschte ...

Jetzt, in der Schule, musste ich überlegen, wie ich

mich der Neuen, dieser Inge, geschickt annähern konnte, ohne mich zu blamieren.

Ich hatte keine Ahnung, wie man so etwas anstellt. Kann man denn einfach so zu einem Mädchen hingehen und sagen: »Hallo, ich heiße Gerhard. Ich finde dich ziemlich nett, wollen wir Freunde sein?«

Oder sagte man: »Willst du mit mir gehen?«

Oder sollte ich sie ins Eis-Café bzw. ins Kino einladen?

Was würde ich machen, wenn sie sagte: »Spinnst du?!«

Was wäre, wenn sie mich auslachte?

Ich wusste es nicht.

Ihr niedliches Gesicht aber wollte mir nicht mehr aus dem Kopf gehen.

So setzte ich mich mit meinem liebeskranken Herzen an den Tisch und dichtete auf die Melodie eines romantischen Schlagers einen neuen Text. Nach vielen vergeblichen Anläufen und einem halbvollen Papierkorb mit zerrissenen Blättern war es fertig. Ich schrieb nun in Schönschrift das Lied auf:

Ich bin ja so glücklich, dass Inge mich liebt.
Ist das nicht ein Wunder, dass Inge es gibt?
Ich will es ihr sagen, so ist es der Brauch:
»Ich liebe dich, Inge! Sag: Liebst du mich auch?«

Ich fand das sehr, sehr gelungen. Natürlich traute ich mich noch nicht, Inge mein Werk zu zeigen. Irgendjemandem wollte ich es aber zeigen. Schließlich fragte ich Lothar (den Kleinen), ob ich ihm etwas zeigen dürfe, denn ich wusste, dass er sie auch süß fand. Er würde mich bestimmt am besten verstehen. Wir hockten gerade bei ihm auf dem Dachboden und futterten Hühnerfutter. Das war ein Sack voller Waffelreste aus der Waffelfabrik, in der seine Mutter arbeitete.

Also wischte ich mir die Waffelkrümel vom Mund und trug mein Werk vor. Er war begeistert und fragte, ob er den Text abschreiben dürfe.

Ich hatte ein paar Bedenken, freute mich aber, dass er es auch so toll fand.

»Schwöre mir, dass du es keinem erzählst und niemandem den Text zeigst!« forderte ich.

Er schwor es mit erhobener Schwurhand.

Nun ließ ich ihn mein Liebesbekenntnis abschreiben.

Lothar, der mit mir mein kostbarstes Geheimnis teilte, das fühlte ich, war mein bester Freund, mein allerbester Freund!!!

Als ich am nächsten Morgen das Klassenzimmer betrat, kicherten viele meiner Klassenkameraden vor sich hin. Andere stießen einander an und deuteten auf mich. Dann hörte ich jemanden hinter mir singen: »Ich bin ja so glücklich, dass Inge mich liebt ...«

Mein Herz hörte auf zu schlagen.

Ich stand entgeistert da.

Dann – langsam – stieg das Blut in meinen Kopf und das Wasser in meine Augen. Ich lief hinaus und rannte aufs Klo. Dort schloss ich mich ein und heulte. So eine Gemeinheit! Alle wussten von meinem Liebeslied und lachten darüber! So eine Blamage!

Diesem Schuft hatte ich vertraut! Na warte ...

Während ich auf Rache sann, beruhigte ich mich wieder.

Gesenkten Hauptes schlich ich zu meinem Platz zurück und guckte den Rest des Tages niemandem mehr in die Augen.

Nach der Schule lauerte ich hinter einer Hecke auf Lothar. Er lief an mir vorbei, ich schlich ihm nach, dann sprang ich ihn von hinten an, wie ein Panther. Wir beide wälzten uns im Schnee. Ich hörte nicht auf seine Erklärungsversuche, sondern drückte seinen Kopf immer wieder in den Schnee. Dann waren wir beide so außer Atem, dass ich von ihm abließ und ging.

Unsere Freundschaft jedenfalls war vorbei.

Wie es jetzt mit Inge weitergehen sollte, war mir nicht klar. Den Zettel mit dem Lied jedenfalls zerriss ich. Den kannten ja nun die meisten, ob Inge ihn auch gelesen hatte, wusste ich nicht. Wenn ja, dann wäre das natürlich mehr als peinlich.

Erstens: Weil ich ihr ja noch gar nicht gesagt hatte, dass ich sie »liebte«.

Zweitens: Sie hatte erst recht nicht gesagt, dass sie mich lieben würde. Das aber behauptete ich in dem Lied, so fing es doch an: »Ich bin ja so glücklich, dass Inge mich liebt!«

Ich traute mich gar nicht mehr, zu ihr hinzugucken.

Einige Tage später aber machte ich doch noch einen Versuch, ihr meine Liebe zu gestehen.

Ich besaß ein kleines Wackelbild, so eine Art Schlüsselanhänger. In einer Kaffeetüte aus dem Westen hatte es als Werbung gelegen. Auf der Vorderseite stand der Name des Kaffees, und auf der Rückseite war ein Angler zu sehen. Wenn man nun ein wenig wackelte, bewegte sich das Bild. Das heißt, der Angler zog den Fisch aus dem Wasser.

An einer Stelle ließ sich der Schlüsselanhänger mit dem Messer öffnen.

Dort schob ich einen zurecht geschnittenen Zettel über die Kaffeewerbung. Was wohl hatte ich auf den Zettel ganz winzig geschrieben?

»Liebe Inge!
Ich ..... Dich!
Dein Gerhard«

Was die fünf Punkte zwischen »Ich« und »Dich« bedeuten sollten, war wohl klar. Natürlich »liebe«. Ich wagte nur nicht mehr das Wort so pur hinzuschreiben.

Am nächsten Morgen war ich sehr aufgeregt. Sollte ich ihr das Wackelbild in die Hand drücken? Sollte ich etwas dazu sagen?

Nein, auf keinen Fall!

Ich hielt das Ding in meiner schweißnassen Hand und schielte verstohlen zu ihr hinüber.

Dann war Hofpause. Sie schlenderte draußen mit ihren Freundinnen im Kreis herum. Ich aber schlich zu ihrem Platz und legte das Ding auf den Tisch, Bildseite mit Angler nach oben. So würde sie es entdecken, in die Hand nehmen, über das Wackelbild lächeln und dann erst umdrehen und lesen. Ja, so war es gut!

Ich wartete ungeduldig auf das Ende der Pause.

Umgeben von anderen Mädchen kam sie zurück.

Sie sah das Bild. Wie erwartet, nahm sie es in die Hand und wackelte. Sie lächelte!

Jetzt folgte die entscheidende Phase: Sie drehte das Ding herum und las ...

Es folgt ein kurzer Blick zu mir mit schiefer Schnute. Dann reichte sie angewidert meine Liebeserklärung ihren Freundinnen. Eine nach der anderen las es. Sie lachten, stießen einander an und verdrehten die Augen. Inge stand mit verschränkten Armen dabei und schüttelte den Kopf. Als sich unsere Blicke wieder trafen, zeigte sie mir unmissverständlich einen Vogel.

Ich hatte wieder alles falsch gemacht.

So jedenfalls machte man eine Liebeserklärung nicht.

Es hat noch Jahre gedauert, bis ein Mädchen lächelte, als ich ihr gestand, dass ich sie sehr gern hatte.

Die Bande

Horst, Roland, Lothar (der Kleine) und ich waren Freunde, später kam noch Herwin dazu, den sie in unsere Klasse strafversetzt hatten. Aber eigentlich waren wir mehr als stinknormale Freunde einer Schulklasse. Wir waren Mitglieder einer Jungsbande, mit allem, was dazugehört. Wir hatten Blutsbrüderschaft geschlossen – wie man das macht, wussten wir von Karl May. Wir hatten neue Namen angenommen: Jack, Joe, Bongo und Jumbo; ich selber hieß Tom. Wir hatten uns am Waldrand, an der Mauer des Gartengrundstücks von Joes Eltern, eine Bude gebaut. Die hatte auch alles, was dazu gehörte: eine quietschende Tür mit Schloss und Riegel, Fensterchen mit Fensterläden, Dach mit Dachpappe, ein halbes Fass als Tisch, ausrangierte Autositze, eine rußende Petroleumlampe und das Beste von allem: ein Geheimversteck für unsere Friedenspfeife. (Wie die geraucht wird, hatte uns ebenfalls Karl May beigebracht.)

Zwei der Jungs besaßen ein Luftgewehr, dessen Lauf zum Laden geknickt wurde. Tat man da etwas Öl in den Lauf, dann rauchte es aus dem Lauf, nachdem es »Paff!« gemacht hatte. Diesen Rauch pusteten wir ungeheuer lässig weg, wie wir es im Kinofilm »Zwölf Uhr mittags« gesehen hatten.

Wenn wir uns am Nachmittag bei der Bude trafen, kämpften wir meistens ein wenig, rutschten auf dem Bauch ungesehen durch hohes Gras, überwältigten einander und banden uns gegenseitig an den Marterpfahl. Zuvor hatten wir natürlich festgelegt, wer zu den Guten und wer zu den Fieslingen gehörte.

Alle unsere Eltern waren zum Glück so großzügig, dass sie uns manchmal erlaubten, am Wochenende dort zu schlafen. Da unsere Bude zu klein war, um allen eine Schlafgelegenheit zu bieten, suchten wir uns mitten im Wald unter Bäumen unseren Schlafplatz.

Dann malten wir uns gruslige Situationen aus und machten Mutproben oder berieten vorm Einschlafen, was wir alles noch unternehmen wollten. Das gab dann genügend Stoff für Träume.

Wir planten zum Beispiel, unbedingt einen Film zu drehen. Wir in den Hauptrollen! Am Feuer sangen wir die Lieder, die darin gespielt werden sollten. Wir übten, auf der Straße cool und bedrohlich nebeneinander herzulaufen wie »Die glorreichen Sieben«. Der Vater eines Jungen hatte eine Schmalfilmkamera. Nur ein Pferd fehlte zu unserem Film und statt unserer mickrigen Bude ein Holzhaus mit Pfosten zum Anbinden des Pferdes.

Und dann entdeckten wir in der Nähe einer Waldlichtung solch ein Haus mit Pfosten vor der Tür. Wie für uns geschaffen, mitten in einem total verwilderten Garten!

Das Haus lag zwar am Rand des Waldes in einem zugewachsenen Garten, aber in einiger Entfernung standen da in Gärten noch andere Häuschen, die bewohnt waren.

Wir schlichen uns vom Wald aus durch das Grundstück an unser Traumhaus heran.

Einfach perfekt für uns, alles herrlich alt und leicht verfallen. Die Tür war verschlossen, ein Fenster aber war ohne Glas. Wir guckten hinein. Drin türmten sich Gerümpel und Dreck. Also hier wohnte schon lange niemand mehr. Soviel war klar.

Wir diskutierten zwischen den Büschen, ob wir in das Haus hineinklettern sollten oder nicht. Wenn hier seit einer Ewigkeit niemand mehr wohnte, dann dürfte das doch in Ordnung sein. Oder nicht? Naja, irgend jemandem wird es vielleicht trotzdem gehören, überlegten wir. Aber so lange, bis wir den gefunden haben und mit ihm über den Preis verhandeln, könnte man ja schon mal anfangen aufzuräumen ...

Damit wir in Ruhe arbeiten konnten und die Nachbarn uns nicht verjagen würden, beschlossen wir: Zwei halten im Garten versteckt Wache, drei klettern ins Haus und räumen auf.

Wir machten aus, dass die Wache die anderen sofort warnen sollte, falls Nachbarn kämen, und legten vorsichtshalber schon ein langes Brett an die Mauer, um schneller wegrennen zu können. Ich war eine der beiden Wachen.

Ich fand es sehr aufregend. In dem Haus rumpelte es, weil den anderen mal etwas herunterfiel, mal irgendetwas von ihnen gerückt wurde. Dann sah ich erschrocken, dass dicker, schwarzer Rauch aus dem Schornstein quoll. Es stank. Ich war entsetzt, mitten im Sommer fällt ein rauchender, stinkender Schornstein auf einem Haus, um das sonst nur Mücken schwirren, natürlich jedem auf. Ich rannte zum Fenster und schimpfte halb flüsternd. Die drei da drinnen husteten und lachten und ließen sich nicht beirren, das aufgesammelte Papier im Kanonenofen zu verbrennen.

Ärgerlich huschte ich wieder in mein Versteck und

versuchte, die Straße nach Gefahren aus der Nachbarschaft zu überblicken.

Nach einer Weile kam aus dem Schornstein kein Rauch mehr.

Auf einmal sah ich auf der Straße das Unheil nahen: Ein stämmiger, alter Mann mit einem Holzknüppel ging zügig auf das Grundstück zu. Ich rannte wieder zum Haus und rief: »Schnell raus! Da kommt einer mit Knüppel!«

Jetzt sah es die andere Wache auch und pfiff. Die drei hechteten aus dem offenen Fenster, und hintereinander rannten wir zum rettenden Brett an der Mauer. Einer nach dem anderen balancierte hinauf und ließ sich auf der anderen Seite ins Gras fallen.

Hinter der Mauer hörten wir den Mann schimpfen. Er wagte sich sogar auf dem Brett die Mauer hinauf und schwang da oben seinen Knüppel. Wir aber flitzten, was wir konnten, in den Wald und machten erst Halt, als wir ganz sicher waren, dass der Knüppelmann uns nicht verfolgte.

Da wir die Nacht über draußen schlafen durften, redeten wir vorm Einschlafen nur über das erlebte Abenteuer. Das Haus wollten wir auf jeden Fall kaufen. Es machte Spaß sich auszumalen, wie wir alles herrichten würden, wenn es uns erst gehörte.

Eins aber ärgerte uns alle, dass wir wie die aufgescheuchten Karnickel vor einem alten Mann davon gelaufen waren. Das verletzte unseren Cowboystolz schon ein bisschen. Am nächsten Tag wollten wir noch einmal dort aufkreuzen und irgendetwas Mutiges tun. Das verwilderte Grundstück wollten wir nicht wieder betreten. Da saß der Schreck noch zu tief in den Gliedern. Aber wir schlenderten ganz lässig den schmalen Weg am Grundstück entlang. Auf einem kleinen Platz endete die Straße. Und genau dort stand ein Süßkirschbaum. Nicht eingezäunt! Also nichts wie hinauf. Lachend hockten wir in der Baumkrone und ließen uns die Kirschen schmecken.

Der Knüppelmann von gestern sah von seinem Garten aus die frechen Bengel. Diesmal nahm er zur Verstärkung außer dem Knüppel noch seinen Schäferhund mit. Ehe er bei dem Baum war, sprangen wir herab und liefen extrem langsam, wie richtige Cowboys das machen, in Richtung Wald. Der Mann schimpfte uns hinterher, dann band er seinen Hund an den Baum. Wir beobachteten das Ganze hinter einer Mauer und berieten uns. Ob der Hund wirklich beißen würde? Der hatte ja nicht einmal gekläfft! Vielleicht war er ganz lieb?! Das wollten wir herausbekommen.

Als der Knüppelmann weg war, tauchten wir am anderen Ende der Straße wieder auf. Langsam und unter gutem Zureden näherten wir uns dem großen Hund. Der wedelte mit dem Schwanz, weil er sich über fünf nette Jungs einfach freute. Ich gebe zu, wir hatten gar keinen Hunger mehr auf Kirschen, wir wollten nur dem Knüppelmann zeigen, dass wir nicht solche Schiss-Hasen waren, wie er gestern vielleicht geglaubt hatte.

Deshalb lehnte sich einer von uns an den Baumstamm und streichelte den Hund. Der genoss die Liebkosungen und schmiegte seinen Kopf in den Schoß des Jungen. Wir anderen kletterten wieder lachend hinauf, aßen Kirschen und machten Kirschkernweitspucken.

Der Knüppelmann dachte wohl, wir würden seinem Hund etwas tun, wenn er uns zu nahe käme, denn er rief aus sicherer Entfernung, dass er jetzt die Polizei rufe.

Man kommt zwar nicht ins Gefängnis, wenn man von einem frei stehenden Kirschbaum Kirschen isst, aber wir hatten auch keine Lust darauf, dass der Schuldirektor womöglich erfahren würde, dass wir unerlaubt dieses Haus betreten hatten. Schließlich war es noch nicht einmal angezahlt.

Um unsere Filmpläne nicht zu gefährden und den alten Mann nicht weiter zu ärgern, streichelten wir alle noch einmal den lieben Hund. Dann liefen wir davon.

Die Polizei tauchte nicht auf.

Der Direktor hat nichts erfahren.

Das Haus haben wir nicht gekauft.

Der Film wurde nicht gedreht.

Aber gern hätten wir, als am Abend die Friedenspfeife die Runde machte, dem alten Mann einen Zug angeboten.

Der Protestbrief

»Weißt Du, was ein Protestbrief ist?« fragte ich meinen Sohn, bevor ich ihm die folgende Geschichte erzählte. Er schüttelte den Kopf. Also hob ich an ...

Wenn man mit irgendetwas nicht einverstanden ist und das demjenigen oder anderen mitteilen will, dann kann man einen Protestbrief schreiben. Manchmal gehört Mut dazu, solch einen Brief zu schreiben. Als Kind schrieb ich einmal ziemlich mutig einen Protestbrief, und zwar an den Schuldirektor. Und das kam so:

Ein Junge, der in unsere Klasse strafversetzt worden war, hatte Ärger mit unserem Sportlehrer. Alle wussten, dass der Sportlehrer Ingolf nicht leiden konnte. Das merkte man bei jeder Gelegenheit, auch wenn Ingolf nichts angestellt hatte.

Einmal aber hatte Ingolf im Sportunterricht Pech und der Sportlehrer auch. Wir spielten Fußball. Ingolf war am Zug und trat kräftig gegen den Ball. Er flog aber nicht ins Tor, sondern dem Sportlehrer gegen den Kopf. Es machte »Knacks«, und ein halber Schneidezahn fiel aus dem Mund des Lehrers. Der hätte sich zwar denken können, dass dies völlig unbeabsichtigt geschehen war. Vor Wut aber war es dem Lehrer nicht mehr möglich zu denken. Wieder dieser Ingolf!

Ein Wort nur brüllte er: »Raaaauuuuus!!!«

Als Ingolf draußen war, holte der Sportlehrer tief Luft und verkündete uns, dass Ingolf ab sofort nicht mehr am Sportunterricht teilhaben und eine 5 in Sport bekommen würde. Ins Zeugnis!

Ein bisschen tat uns der Sportlehrer leid. Viel mehr aber tat Ingolf uns leid, weil er doch gar nichts dafür konnte.

Irgendwo hatte ich aufgeschnappt, dass man sich gegen Ungerechtigkeiten wehren muss, zum Beispiel mit einem Protestbrief. Ich fuhr nachmittags zu Ingolf. Ingolf war ein »Schlüsselkind«. So nannte man Kinder, die allein nach Hause gingen, weil die Eltern länger arbeiteten, und deshalb einen eigenen Wohnungsschlüssel bei sich trugen. Schon in der offenen Tür verkündete ich ihm, dass ich einen Protestbrief an den Direktor schreiben wollte, den dann alle anderen Schüler auch unterschreiben sollten. Ingolf fand das ziemlich nett von mir und bot an, mir bei der Formulierung des Briefes zu helfen. Wir setzten uns in die Küche. Er kochte uns aus einem Kräuterwürfel und Wasser eine Tasse Brühe. Auf dem geblümten Wachstuch dampften die Tassen, uns dampften vor Aufregung die Köpfe, als wir schrieben:

An den Direktor der Polytechnischen Oberschule

Wir, die Schüler der Klasse 6d, protestieren dagegen, dass Ingolf nicht mehr am Sport teilnehmen darf und eine 5 kriegen soll, nur weil er aus Versehen den Fußball an Herrn Rüders Schneidezahn geschossen hat, sodass dieser in der Mitte entzwei brach. Ingolf hat das nicht gewollt. Bitte reden Sie mal mit Herrn Rüders, weil er so wütend ist.

Wir können diese Ungerechtigkeit nicht dulden!

Unterschriften: ...

Unter diesen Text zogen wir mit Bleistift und Lineal genügend Zeilen, auf denen alle unterschreiben sollten. Ingolf unterschrieb als Erster, ich als Zweiter. Abends las ich mir den Brief noch mehrmals durch. Ein bisschen war ich jetzt schon stolz auf mich, obwohl der Direktor von dem Brief noch nichts wusste und erst zwei unterschrieben hatten.

Am nächsten Morgen versuchte ich zuerst bei den Jungs aus der Klasse mein Glück. Es musste streng geheim bleiben! Schließlich hatte an unserer Schule, soweit ich wusste, noch nie einer einen Protestbrief beim Direktor abgegeben. Und ich wollte nicht schon entdeckt werden, bevor der Brief an Ort und Stelle war. In der Pause schlich ich von Platz zu Platz. Wie ein Geheimagent drehte ich mich dauernd ganz unauffällig um und hielt den Brief in einem Heft versteckt. Wenn die Luft rein war, flüsterte ich schnell etwas und zog den Brief raus. Bei den Jungs aus meiner Bande fing ich an. Sie unterschrieben ohne Zögern. Als sich erst einmal ein paar Unterschriften angesammelt hatten, unterschrieben auch die anderen Jungs nach und nach.

Jetzt fehlten nur noch die Unterschriften der Mädchen. Die hatten gerade Handarbeit im Keller. Eines der Fenster war angekippt. Dorthin schlich ich und flüsterte durch die Lücke den Namen eines Mädchens, das in der Nähe stand. Ich erklärte ihr kurz, worum es ging und dass alle Mädchen für Ingolf unterschreiben sollten, aber so, dass es die Handarbeitslehrerin nicht merkt. Ich drückte mich mit dem Rücken an die Wand neben dem Kellerfenster und lugte nur ab und zu hinein. Die Mädchen tuschelten, manche schüttelten den Kopf, eine heulte, andere unterschrieben. Schließlich wurde mir der Brief wieder herausgereicht. Fast alle hatten unterschrieben. Ich schob den Brief in einen Umschlag und steckte ihn in den Briefkasten vorm Sekretariat.

Puh! Geschafft!!!

Am folgenden Morgen ging ich ein wenig aufgeregt zur Schule. Wie würde der Direktor reagieren? Ich kannte ihn kaum. Meist sah man ihn, wenn Hofpause war, oben in seinem Zimmer halb verdeckt hinter einer Gardine stehen. Von dort aus beobachtete er uns, wie ein Detektiv jemanden beschattet.

Aber er kam nicht. Nachdem er unsere Klassenlehrerin zu sich gerufen und ihr mitgeteilt hatte, was sich Schüler ihrer Klasse für Dreistigkeiten erlaubten, kam sie sofort ins Klassenzimmer gestiefelt. Die Tür krachte ins Schloss. Sie hielt den Brief in der Rechten. Ihr Kopf war dunkelrot. Sie fauchte Angst einflößend: »Wer hat das hier geschrieben?« Dabei wedelte sie unseren Protestbrief vor aller Augen hin und her.

Alle versanken in ihren Stühlen.

Ich auch. Gern wäre ich jetzt aufs Klo gegangen.

Aber die Sache war noch nicht ausgestanden. Sie fing ja gerade erst an ...

»Wisst Ihr, dass in unserer Republik keine *Protestbriefe* verfasst werden? Nein?

Raus mit der Sprache: Wer ist hier der Rädelsführer?«

Wie luftleere Luftballons saßen wir zusammengefaltet auf unseren Stühlen und zitterten ein bisschen vor diesem zischenden, tobenden Ungeheuer.

»Ach, feige seid ihr auch noch ... Raus mit der Sprache ... wer war's?«, fing sie schon wieder an.

In diesem Moment dachte ich, was würde jetzt eine

gute Lehrerin an ihrer Stelle sagen? »Guten Morgen, setzt euch! Habe ich aber eben einen Anschnauzer vom Direktor bekommen wegen Eures Protestbriefes! Ihr hättet gestern gleich zu mir kommen können, dann hätte ich mit dem Sportlehrer gesprochen. Aber ich muss sagen, meine Lieben, alle Achtung für Eure Solidarität, ähhm, ich meine Euer Mitgefühl und dass Ihr so füreinander, ich meine, für den Ingolf einsteht ...«

Leider wurde ich jäh aus meinen Träumen gerissen, weil sie ankündigte, jetzt einen nach dem anderen zu befragen, warum er oder sie unterschrieben habe, um den »Rädelsführer zu überführen«. Ingolf machte sie vor allen lächerlich, weil er einen Brief, der ihm aus der Patsche helfen sollte, als erster unterschrieben hatte, das sei das Dümmste, was ihr je begegnet sei. Dann durfte er sich setzen.

Nun rief sie meinen Nachnamen.

Ich stand auf, senkte den Kopf und flüsterte: »Ich hab's geschrieben!«

Natürlich hatte sie das verstanden. Aber sie genoss es, so schnell den Übeltäter gefunden zu haben und fragte laut und überdeutlich: »Wie bitte? Ich habe dich leider nicht verstanden! Würdest du das bitte noch einmal laut und deutlich wiederholen?!«

»Ich habe den Brief geschrieben!« sagte ich für alle hörbar, und die Tränen liefen mir übers Gesicht.

Mir liefen dauernd viel zu schnell die Tränen übers Gesicht, egal ob im Kino oder wenn mein Vater mich nur ein bisschen streng anguckte. Meine Brüder nannten mich dann Alfons Zitterbacke. Wirklich bei jeder Kleinigkeit fingen meine Backen zu zittern an und die Tränen liefen.

Die Lehrerin verhöhnte mich, was für eine feige Memme ich in Wirklichkeit sei. Und obwohl sie ja bereits ihren »Rädelsführer« hatte, war ihr Rachedurst oder wie man das nennen soll, noch nicht gestillt. Von jedem Kind wollte sie wissen, warum es diesen Schmierbrief unterschrieben habe. Fast alle zuckten mit den Schultern. Das Mädchen, das am Vortag schon geheult hatte, behauptete jetzt, es sei gezwungen worden.

Ich ärgerte mich. Ich hatte Wut. Aber nicht wegen der Lehrerin, die kannte ich nur zu gut. Immer, wenn sie wütete, versuchte ich, sie mir im Nachthemd vorzustellen. Diesen Tipp hatte ich von meinem Bruder.

Diesmal war ich vor allem wütend auf mich, weil ich heulen musste, obwohl ich ganz sicher wusste: Das, was wir getan haben, war richtig. Wir haben uns für Gerechtigkeit eingesetzt!

*

Vierzig Jahre später hatten wir wieder einmal ein Klassentreffen, zu dem auch unsere alte Klassenlehrerin eingeladen war. Ich habe ja schon erzählt, dass sie mir in ihrer Wut und mit ihrem Gebrüll wie ein Ungeheuer vorgekommen war, und das war kaum übertrieben. Ich träumte selbst noch als erwachsener Mann manchmal schlecht, weil sie dann wieder auftauchte.

Nun, nach vierzig Jahren, tauchte sie wieder auf. Aber dieses »Ungeheuer« von einst war nun ein Weiblein auf wackligen Beinen, dem fast alle Zähne fehlten. Und sie lachte, als sie uns einen nach dem anderen erkannte. Jemand hatte Blumen besorgt. Und weil ich ja in meinem Leben oft auf Bühnen gestanden und das

Wort ergriffen hatte, fragten sie mich, ob ich nicht ein paar nette Worte im Namen ihrer alten Klasse sprechen könnte.

Was sollte ich sagen? Ich hatte einen dicken Kloß im Hals. Ich dachte, diese kleine, alte Frau hier hat bestimmt alles vergessen oder weiß nicht, dass sie eine sehr schlechte Lehrerin gewesen ist, ich aber habe es leider nicht vergessen. Deshalb schüttelte ich traurig den Kopf. Zum Glück fand sich dann einer, der unterdessen im Rathaus arbeitete und auch schon Reden gehalten hatte. Dem ging die Sache dann ganz glatt über die Zunge, dass er im Namen ihrer alten Klasse ... blablabla ... zu Dank verpflichtet ... blablabla ... Dann bekam sie die Blumen, wir klatschten.

Das war das letzte Mal, dass ich die kleine, alte Frau gesehen habe, vor der ich einst solche Angst gehabt habe.

Sacrificium intellectus

Neben dem Duden stand in Vaters Bücherregal das Fremdwörterbuch. Ich schmökerte einmal darin und fand: Junge, Junge, da gibt es Worte, die etwas hermachen. Wenn man solche Worte wie beiläufig fallen lässt, könnte man echt Eindruck schinden.

Zum Spaß schrieb ich mir zwei, drei dieser Worte auf. Eins hieß »Sacrificium intellectus«.

Das lernte ich, ohne zu wissen, was es bedeutete, und sprach es immer wieder einmal aus. Bald kannten meine Mitschüler dieses Wort aus meinem Mund und gewöhnten sich daran, wie an einen Tick.

Dann kam der Tag, an dem mein wunderschönes Fremdwort seinen großen Auftritt bekommen sollte. Es war im Musikunterricht. Die Lehrerin hatte einen Plattenspieler aufgebaut. Sie legte eine große, schwarze Vinyl-Schallplatte auf den Drehteller und fragte, bevor sie den Tonarm absenkte, der die Musik hörbar machen würde: »Welchen Charakter hat das folgende Werk?«

Irgendein klassisches Werk, das mich nicht vom Stuhl riss, erklang. Ich widmete mich anderen Dingen, die unter der Schulbank auf mich warteten und schaltete das Gehör auf Durchgang.

Auf einmal fiel ein Schatten auf mich. Düster blickend baute sich die Lehrerin neben mir auf. Ihr Zeigefinger piekste durch die Luft und verharrte vor meiner Nase. Dabei wiederholte sie die Frage: »Welchen Charakter hat dieses Werk?!«

Leider hatte ich, wie gesagt, auf Durchgang geschaltet, und nichts war in meinem Kopf hängen geblieben. Aber die Lehrerin wartete verkniffen, dass ich antwortete.

Da schickte mir der Himmel die rettende Antwort: »Sacrificisch-intellektischen Charakter!«

Die Lehrerin guckte verblüfft. Sie wusste ebenso wenig wie ich, was das sein sollte, wollte aber nicht dümmer erscheinen als einer ihrer Schüler. Deshalb wiegte sie anerkennend den Kopf, als ob das schon ziemlich richtig gewesen wäre. Trotzdem setzte sie noch einmal nach: »Jaaa, kannst du es vielleicht noch ein bisschen genauer ausdrücken?«

Ich schüttelte den Kopf: »Nein, noch genauer kann ich es nicht sagen!«

Einige Mitschüler, die mein Tick-Wort längst wiedererkannt hatten, pressten die Hand vor den Mund, um nicht laut loszuprusten.

Da ging auch meiner Lehrerin ein Licht auf, nämlich, dass ich sie hinters Licht geführt hatte.

Kino

Bevor ich das Kino kennen lernte, war ich bereits begeistert, wenn meine Eltern einen Dia-Abend machten. Beim Optiker wurden neben der Kasse Dia-Filmstreifen zum Kauf angeboten, meistens mit Märchen. Im dunklen Zimmer schauten wir Kinder gebannt zu dem aufgespannten Bettlaken, auf dem die Bilder leuchteten. Meine Mutter las dazu das entsprechende Märchen vor.

Später gingen meine Geschwister ins Kino und erzählten mir davon. Leider durfte ich es erst viel später kennenlernen.

Einer meiner Brüder sammelte Filmprogramme. Ein gefaltetes Blättchen mit ein paar Fotos und einigen Inhaltsangaben, das war alles. Ich sah mir seine Sammlung manchmal an und rechnete mir aus, wie lange ich noch warten müsse, bis ich diesen oder jenen Film endlich sehen konnte.

Unser Kino hatte einen Vorbau, ein von vier Säulen getragenes Dach vor der Pendeltür. Hier lümmelten größere Jungs oft herum, manche rauchten. Nach Cowboyfilmen lehnten sie genauso lässig an den Säulen wie die Filmcowboys vor dem Saloon. Rechts und links vom Eingang waren Schaukästen in die Mauern gelassen. Immer, wenn ich am Kino vorbei kam, studierte ich die Fotos und Vorankündigungen.

Ein wenig konnte man im Dunkeln draußen vor dem Kino sehen und hören, was drinnen gezeigt wurde. Irgendeine Reflektion im Vorführraum sorgte dafür, dass ein schmaler Randstreifen des Filmes an der Wand des gegenüberliegenden Schulhauses zu sehen war. Aus dem Wenigen musste ich einfach das übrige Bild erraten.

Wenn der Filmvorführer sein Fensterchen aufstehen ließ, konnte ich auch den Ton hören. Manchmal stand ich vor dem Kino, lauschte den Dialogen und guckte mir den bewegten Streifen des Filmes an.

Das schulte die Phantasie.

Als meine Eltern mich reif genug für das Kino hielten, durfte ich auch einmal im Monat hingehen. Das war natürlich tausendmal besser als Bilder auf Bettlaken, weil sich die Bilder bewegten. Ich sah am liebsten Filme, in denen gefochten wurde. Edle und gute Helden waren meine Freunde, »Die schwarze Tulpe« zum Beispiel, aber auch »Der Gejagte«.

Vor dem Hauptfilm musste noch »Der Augenzeuge«, eine politische »Wochenschau«, ertragen werden. Da wurde zum Beispiel gezeigt, wie ein Mähdrescherfahrer doppelt so viel Getreide wie im Vorjahr gedroschen hatte, oder wie Kinder mit blauen Halstüchern Soldaten Blumen auf den Panzer reichen. Über zwei hohe Politiker unseres Landes lachte immer das ganze Kino, der eine ähnelte dem Sandmännchen und sächselte mit piepsiger Stimme und war unser Staatsratsvorsitzender, der andere trug immer ein blaues Hemd und traf sich mit Jugendlichen, die ebenfalls blaue Hemden trugen. Dieser Mann versuchte so zu reden, wie die Jugendlichen, hatte aber in Wirklichkeit keine Ahnung von Jugendlichen, was so peinlich war, dass immer das ganze Kino lachte. Wenn zu sehr gelacht wurde an solchen Stellen, ging das Kinolicht an, der Ton wurde leiser, und der Filmvorführer stand hinten im Türrahmen und rief: »Wer stört, fliegt raus! Habt ihr verstanden?!« Wir verstanden und lachten höchstens noch leise.

Damals hatten die Filmvorführer mehr zu tun als heute, denn sie bekamen den Film in mehreren großen Rollen geliefert. Von Hand fädelten sie den Film ein und mussten am Ende der Rolle aufpassen. Wenn ein bestimmtes Zeichen auf dem Film erschien, dann mussten sie den zweiten Filmprojektor starten, auf dem schon Rolle Nummer 2 wartete. Manchmal verträumte der Filmvorführer den Moment, plötzlich verschwand das Filmbild, Zahlen rasselten über die Leinwand, dann war sie weiß.

Die größeren Kinder pfiffen und buhten, der Vorhang schloss sich, das Licht ging an, und im Türrahmen erschien wieder der schimpfende Filmvorführer. »Ich kann auch Feierabend machen«, rief er dann zum Beispiel oder sein bekanntes: »Wer stört, fliegt raus!«

Dann war nur noch leises Murren zu hören, er fädelte seinen Film ein und weiter ging die Fahrt der »Bounty« oder der Flug der »tollkühnen Männer in ihren fliegenden Kisten«.

Immer, wenn ich Tante Alma besuchte, durfte ich jede Woche ins Kino gehen. Sie hatten auf dem Dorf zwar gar kein Kino, nur einen Gasthof. Dort hielt jedoch jeden Sonnabend halb drei ein Kastenwagen. Das war der Kinomann. Die Kinder erwarteten ihn bereits und halfen ihm dabei, die zerlegbare Leinwand hineinzutragen, dazu die Stative und Lautsprecher. Den aufklappbaren, kostbaren Filmprojektor trug er eigenhändig hinein. Ich half fleißig mit. Wir schlossen die Fensterläden des Saales und rückten uns die

Klappstühle zurecht. Da es im Gasthof keinen abgeschlossenen Vorführraum gab, sondern der Kinomann
zwischen den Stuhlreihen stand, konnte ich alles gut
beobachten, was er tun musste, damit der Film lief. Bei
ihm wurde keine zweite Maschine gestartet; lief die
erste Rolle ab, bat er um einen Moment Geduld und
legte die zweite Rolle ein, später gab es noch einmal
eine Unterbrechung wegen Rollenwechsel.

»Ein Traumberuf«, dachte ich. »Immer unterwegs
sein, immer Filme sehen, immer freudig erwartet werden ... Wenn aus meinem Berufswunsch Musikclown
nichts wird, werde ich Kinomann!«

Langeweile

Langeweile ist wunderbar! Langeweile bringt einen auf Ideen. Ohne Langeweile würde kein Kind anfangen zu spielen und viele Erfindungen wären nicht entstanden.

Das alles habe ich erst später gedacht.

Als Kind fand ich Langeweile einfach öde, ätzend, schlimm.

Ich hatte immer zu wenig Spielzeug. Dauernd träumte ich von Spielzeugläden, aus denen ich alles mitnehmen durfte, was ich wollte. Meine Brüder hatten ein hölzernes Tretauto, das sie »Holländer« nannten. Das unterzogen die beiden so lange einem Härtetest, bis es Kleinholz war. Ich bekam dann nicht noch mal so ein Auto.

Was mir blieb, war Langeweile. Wer sich langweilt, überlegt automatisch: Was stelle ich jetzt an, damit ich mich nicht mehr langweile?

Wenn ich gar niemanden zum Spielen hatte, dann konnte der Sandkasten Rettung bringen. Förmchen und Spielfiguren hatte ich nicht, aber ein alter Blumentopf, eine verbogene Gabel aus der Abfalltonne, irgendwas fand sich immer. Ganz schnell wurde aus dem Blumentopf die Schatzhöhle, in der Steinchen und Schneckenhäuser die Schätze darstellten, die verbogene Gabel war das Pferd, und ein Aststück, um das ich glitzerndes Bonbonpapier legte, war Ali Baba. Schon war ich mitten drin im Spiel und vergaß die Welt um mich herum.

Dass ich nur einmal im Monat ins Kino durfte, war eine Gemeinheit von meinen Eltern! »Alle anderen

Kinder dürfen ständig ins Kino gehen!«, sagte ich. Es gab aber immerhin das Wolkenkino, in das heute auch meine Kinder noch gehen. Wolkenkino guckt man am besten im Liegen. Dazu legt man sich auf die Wiese und guckt nach oben, wie die Wolken ziehen. Wolkenkino ist immer in Farbe und Superbreitwand. Allerdings gibt es keine schnellen Szenenwechsel wie im Stadt-kino, alles ist in Zeitlupe, und die Dialoge zwischen Drachen, Buckligen, Hexen und Nilpferden muss man selber sprechen oder sich dazu denken. Allein macht das Wolkenkino natürlich längst nicht so viel Spaß wie zu zweit oder mit mehreren.

In der Kirche langweilte ich mich auch dauernd. Durch die bunten Kirchenglasfenster konnte ich nicht einmal die Wolken sehen. Wenn ich mit den anderen Chorkindern oben bei der Orgel saß, war es halb so schlimm. Dann neckten wir uns leise, kicherten und flüsterten uns komisches Zeug zu. Aber da musste man aufpassen. Es konnte sein, dass mein Vater unten unser immer lauter werdendes Gekicher, Flüstern und Rascheln hörte und zu uns hinaufsah. Das war aber ein Blick, scharf wie ein Laserstrahl, begleitet von einer langen Pause, so dass alle Leute merkten: Der Pfarrer fühlt sich von den Kindern gestört. Langsam verdreh-ten alle die Köpfe nach uns.

Nicht immer sang ich in der Kurrende. Manchmal musste ich unten eine gute Stunde lang zwischen mei-ner Mutter und meiner Tante ausharren. Ich saß auf einer harten Kirchenbank und hörte Bibellesungen, Predigten und uralten Liedern zu. Das eine oder an-dere verstand ich, vieles aber war absolut unverständ-lich. Dann studierte ich die Frisuren und Glatzen, die

Blusen, Mäntel und Kragen der Kirchenbesucher, besonders derer, die vor mir saßen. Ich beobachtete auch aus den Augenwinkeln heraus, wer beim Beten die Augen schloss oder in der Luft herumguckte. Jeden Besucher nahm ich aufs Korn und überlegte, ob er wirklich an Gott glaubte oder nur so tat, zum Beispiel, weil er seinen Eltern einen Gefallen tun wollte und sie in die Kirche begleitete, obwohl er jetzt lieber auf dem Fußballplatz wäre ...

Wenn ich niemanden mehr unauffällig betrachten konnte, waren noch die Wandbemalungen der Kirche da, rätselhafte Bilder: große Engel mit Palmzweigen, die rechts und links Spalier standen, ach nein, sie waren gerade dabei aufzusteigen, ihre nackten Füße schwebten ja bereits in der Luft. Jede Menge Tiere waren zu entdecken, die irgendetwas symbolisierten: Tauben, Fische, ein Stier, ein Löwe und ein Adler und natürlich Jesus. Den fand ich im Altarraum fünfmal dargestellt: als Baby, zweimal am Kreuz, einmal die Arme ausgebreitet, als ob er mich umarmen wollte, und einmal in den Himmel steigend.

Auch die Bilder halfen bald nicht mehr, meine Langeweile zu vertreiben.

Eines Tages entdeckte ich eine neue Art zu gucken, die ich seitdem öfter ausprobierte. Ich versuchte einfach nicht mehr zu blinzeln. Das ist gar nicht so leicht. Weil dann das Auge nicht mehr angefeuchtet wird und etwas eintrocknet, sieht man alles ein wenig anders. Ich stierte meinen predigenden Vater auf der Kanzel an und verbot mir, dabei zu blinzeln. Langsam verformte sich sein Gesicht. Er wurde zu einem Hutzelzwerg oder irgendeiner anderen Figur, die zwar noch mit Vaters Stimme sprach, aber völlig anders aussah. Wenn mir nach einer Weile die Augen zu sehr brannten, kniff ich die Augenlider so eng zusammen, dass nur ein ganz schmaler Spalt blieb, auch so veränderten sich Gesichter auf wundersame Weise. Jeder Erwachsene warnte mich, dass die Augen so stehen bleiben könnten, wenn ich schielte. Nun hoffte ich, dass nicht auch einmal der Blick so bleiben würde, wenn ich nicht mehr blinzelte, denn dann hätten alle grässlich ausgesehen.

Für langweilige Schulstunden hatte ich mir auch einen interessanten Zeitvertreib ausgedacht, der zum Glück nie von einem Lehrer entdeckt wurde. Ich war nämlich so etwas wie Weltmeister im Fliegenfangen. Ich hatte nach etwas Übung so viel Geschick darin, dass ich eine gefangene Fliege ganz vorsichtig mit dem Zeigefinger gegen den Handballen drückte und mit den verbleibenden Fingern die nächste Fliege fing. Selbst die konnte ich dann noch zur ersten schieben und, ohne dass den beiden etwas passierte, eine dritte Fliege fangen. Dann stieß ich irgendeinen Klassenkameraden an und sagte: »Rate mal, wie viele Fliegen ich in der Hand habe!« Als Antwort kam dann meistens: »Gar keine oder eine!« Dann ließ ich ein Loch in meiner hohlen Faust entstehen, durch das nacheinander eine ... zwei ... drei Fliegen krabbelten und davonflogen.

In meiner Federmappe gab es ein verschließbares Glasröhrchen, in dem die kurzen Minen für den Zirkel lagen. Diese Minen schüttete ich manchmal aus und sperrte eine Weile eine der gefangenen Fliegen hinein, ein wunderschönes Betrachtungsobjekt für langweilige Stunden. Wenn ich dann noch ein paar Krümel Zucker hineinfallen ließ, konnte ich genau die Funktionsweise des Fliegenrüssels studieren. Weil ich öfter Fliegen studierte als meinen Unterrichtsstoff, wurde ich wahrscheinlich nie ein guter Schüler.

Wenn heute meine Kinder klagen, ihnen sei langweilig, dann antworte ich ungerührt: »Langeweile ist wunderbar! Langeweile bringt einen auf Ideen. Ohne Langeweile würde kein Kind anfangen zu spielen, und viele Erfindungen wären nicht entstanden.«

Aber das sagte ich ja schon.

Kirchturmuhr und Opferstock

Unsere Kirchturmuhr wird seit vielen Jahren automatisch aufgezogen. In meiner Kindheit musste sie noch von Hand aufgezogen werden, aber nicht etwa wie ein Wecker. Drei schwere Gewichte mussten hochgekurbelt werden.

Ich war etwa zwölf Jahre alt, als ich diese Aufgabe übertragen bekam. Sogar einen kleinen Lohn gab es dafür: 50 Pfennige pro Woche. Dafür musste ich aber täglich noch vor der Schule den riesigen Kirchenschlüssel vom Haken nehmen, hinüberlaufen, die schwere Kirchentür auf und zu schließen und dann in dem leeren Gebäude erst die Steintreppen, dann die Holztreppen und zuletzt die Leitern hochsteigen. Im Winter war es natürlich ungemütlicher und dunkler als sonst.

Nur wenige Glühlampen erhellten den Weg zur Turmspitze. Ich kam an den drei Glocken vorbei und richtete es möglichst so ein, dass ich nicht gerade auf ihrer Höhe war, wenn sie läuteten, denn das war wirklich laut.

Es knarrte, raschelte und gurrte um mich her. Das Gurren kam von den Tauben, die hier oben wohnten. Manchmal flatterte eine kurz vor mir auf, die ich vorher nicht bemerkt hatte. Dann raste mein Herz vor Schreck.

Oberhalb des Glockenstuhls stand – größer als unser Kleiderschrank – das Uhrwerk. Das Uhrwerk war von einem Gehäuse aus Fenstern umgeben, sodass man zwar hineingucken konnte, das Uhrwerk aber nicht von Taubendreck oder Staub beschädigt werden konnte. Ab und zu schaute ich mir das Uhrwerk an und versuchte zu verstehen, welches Zahnrad welche Welle bewegte und wohin diese die Drehung übertrug. Aber immer wieder wurde ich von unheimlichen Geräuschen aufgeschreckt.

Die Gewichte, die ich zwischen den Balken hindurch in die Turmspitze kurbelte, waren unterschiedlich schwer. Das allerschwerste sorgte dafür, dass die große Glocke die vollen Stunden anzeigte und zwölfmal schlug, wenn es 12 Uhr, siebenmal, wenn es 7 Uhr war. Das mittelschwere Gewicht war für die kleine Glocke zuständig, die die Viertelstunden mit einem Glockenschlag hören ließ. Und für den Antrieb des Uhrwerks sorgte das dritte Gewicht.

Wenn mich ein Freund in die Turmspitze begleitete, hatte ich natürlich überhaupt keine Angst. Dann kletterten wir überall herum, auch zu den übermannshohen vier Zifferblättern, und öffneten die Blechfensterchen darin, um in die Stadt hinunter zu schauen. Ein Freund brachte einmal ein Fernrohr mit. Aus der Höhe wie mit Adleraugen das Treiben in der Stadt, die Leute auf Balkons und in Gärten zu beobachten, war einfach spektakulär. Wir konnten sogar die Plakate auf der Litfaßsäule lesen, die zur Blutspende aufforderten.

Besonders unheimlich wurde mir meine allmorgendliche Aufgabe, nachdem ich im Kino einen Film mit meinem französischen Lieblingsschauspieler Jean Marais gesehen hatte. Diesmal war es kein Degenfilm, sondern ein Krimi.

Mein Held spielte den Kommissar. In einer Szene betrat der Kommissar eine Kirche, die unserer ähnelte, und hörte einen durchdringenden, seltsamen Ton von der Orgel. Als er zur Orgel stieg, entdeckte er den Organisten, die Stirn auf den Tasten, im Rücken ein Messer! Diese Aufnahmen wurden von einer grauenhaften Musik unterlegt, sodass man richtig erschrak. Am Ende wurde diese Szene, weil sich der Kommissar erinnerte, sogar noch einmal wiederholt. Deshalb brannte sie sich mir hässlich ins Gedächtnis.

Wenn ich nun auf dem knarrenden, schattenumhuschten Turmboden stand, vermutete ich hinter fast jedem Balken einen Mörder, der mir sein Messer in den Rücken stechen könnte. Ich traute mich nicht mehr, die Gewichte mit beiden Händen hochzuziehen, weil ich dann meinen Rücken völlig ungeschützt preisgab. Nein, seit jenem Film versuchte ich, die Gewichte mit einer Hand hinaufzukurbeln. Sauschwer war das, aber so konnte ich den Rücken an die Balken pressen und hatte den Blick in alle Richtungen frei. Das hatte den tollen Nebeneffekt, dass ich mir beachtliche Muskeln antrainierte.

Wenn die drei Gewichte oben waren, beeilte ich mich, dass ich wieder hinunterkam. Von Tag zu Tag schaffte ich es ein bisschen schneller.

Vor der schweren Tür, die wieder nach draußen führte, stand in der Eingangshalle ein Opferstock, so ein kunstvoll gestalteter Spendentopf auf verschnörkelten Beinen. Das Ding war aus Bronze, und ich konnte durch den Schlitz die Münzen erkennen. Mir war ein paar Mal durch den Kopf gegangen, dass meine tägliche Angst und Mühe mit 50 Pfennigen in der Woche viel zu schlecht bezahlt sei. Jedoch mehr zu fordern, schickte sich nicht. Hier aber, ungesehen in der abgeschlossenen Kirche, könnte ich mir doch einfach ein wenig Geld herausnehmen, das sowieso noch niemand gezählt hatte ... Dann verdrängte ich die verführerischen Gedanken wieder, weil ich wusste: Das ist Unrecht.

Eines Morgens nun drehte ich das schwere Ding dann doch um und schüttelte. Es purzelten ein paar Münzen heraus und rollten über den Steinboden. Ich sammelte sie ein, die Pfennige steckte ich zurück in den Opferstock, die Markstücke ließ ich in meine Hosentasche gleiten.

Eine Stimme in meinem Kopf beruhigte mein klopfendes Herz: »Das ist nicht schlimm! Damit schadest du keinem. Das, was dir eigentlich zusteht, zweigst du jetzt ab aus den ungezählten Spenden ...«

Eine andere Stimme warnte: »Gott hat es aber doch gesehen. Er weiß, dass du die Kollekte geklaut hast!«

Mir gefiel die erste Stimme besser, weil ich das Geld nicht wieder hergeben wollte.

Wofür ich es eigentlich ausgegeben habe, weiß ich nicht mehr.

Das schlechte Gewissen aber sorgte dafür, dass ich diesen Morgen nie vergaß.

Als ich dann mein erstes Geld verdiente, legte ich einen großen Teil in die Kollekte. Bis zum heutigen Tag denke ich daran und immer, wenn Kollekte gesammelt wird, denke ich an den Zweck, für den das Geld bestimmt ist und überschlage, was ich spenden möchte. Dann aber lege ich noch etwas drauf, weil ich das Gefühl habe, ich müsse etwas wiedergutmachen.

Pflichten

Ich hatte zu Hause verschiedene »Pflichten«. Dieses Wort ist manchen Kindern heute völlig unbekannt: Eine Pflicht ist etwas, um das man nicht herum kommt. Manchmal wird das Wort auch noch mit einer Geschmacksrichtung verbunden. So gibt es süße, saure und bittere Pflichten.

Eine »süße Pflicht« wäre demnach, wenn ein Diener, der in die Prinzessin verliebt ist, den Auftrag bekäme, ihr jeden Morgen die Zöpfe zu flechten. Eine »saure Pflicht« wäre es, wenn er jeden Morgen die randvollen Nachttöpfe aus allen Kammern holen und ausschütten müsste. Und ein »bittere Pflicht«, wenn er dem dämlichen Prinzen, der seine geliebte Prinzessin heiraten will, für die Hochzeitsnacht das Nachthemd bügeln und parfümieren soll.

Ich hatte weder bittere noch süße Pflichten, aber etliche saure. Das ist in einer großen Familie normal. Nachttöpfe ausschütten gehörte nicht dazu, nur den eigenen trug ich früh zum Klo. Meine gelegentlichen Pflichten waren: Milch kaufen, Bier holen, Wäsche zur Wäschemangel fahren, im Winter Schnee schippen, sonst Unkraut jäten und Obst pflücken. Meine Hauptpflicht aber hieß: alle Schuhe der ganzen Familie putzen.

Die ersten beiden gelegentlichen Pflichten waren eigentlich fast süße Pflichten, denn es machte Spaß, mit dem 4-Liter-Milcheimer zum Milchladen zu gehen. Mit einem Litermaß schöpfte die Milchverkäuferin, die einer Krankenschwester glich, die Milch aus einer riesigen Kanne und goss sie schwungvoll in meine. Auf dem Rückweg erprobte ich jedes Mal das Wunder der Zentrifugalkraft: Ich ließ die Kanne an meinem Arm kreisen, als wäre ich ein wild gewordenes Riesenrad, und freute mich, dass kein Tröpfchen verloren ging bei dieser Übung. Wenn ich durstig war, trank ich einen Schluck aus der Kanne. Bier holen lief ähnlich ab. Es war jedoch ein anderer Krug, in den lediglich zwei Liter passten. Ich holte auch nicht täglich, sondern nur manchmal Bier in der Gaststätte. Ich reichte dem Wirt den Krug, und er ließ ihn unterm Bierhahn voll laufen. Ein Berg Schaum wuchs dann aus der Öffnung. Kaum hatte ich bezahlt und war hinausgetreten, schleckte ich den Bierschaum ab und ließ die Kanne durch die Luft kreisen.

Etwa einmal in der Woche hatte sich genug Wäsche angesammelt, die ich zur Wäschemangel fahren musste. Den großen Wäschekorb hoben wir zu zweit auf den Leiterwagen, allein zuckelte ich damit durch die Stadt bis zu dem Haus, in dessen Hof das Gebäude mit der Wäschemangel stand. Das war eine riesige hölzerne Maschine, die große Wäschestücke glättete. Die Besitzerin der Wäschemangel und ihre Helferin übernahmen meinen Korb, und ich konnte zugucken, wie die beiden die Wäsche ausbreiteten auf langen Leinentüchern, später fuhr ein mit Steinen beladener Teil der Maschine auf langen Hartholzrollen darüber hinweg. Jedenfalls war die Wäsche am Ende so glatt wie gebügelt und wurde von den beiden Frauen zusammengelegt. Sie warnten mich, ich solle der rumpelnden Maschine ja nicht zu nahe kommen. Die passenden Schauergeschichten hatten sie natürlich auch parat, an deren Ende ein Kind, platt wie eine Briefmarke, die Wäschemangel verließ. Wenn ich nach Hause kam, räumte meine Mutter die schrankfertige Wäsche ein.

Solange meine großen Brüder noch zu Hause waren, kam ich ums Schneeschippen meistens herum, da half ich nur aus. Aber Unkraut musste ich oft zupfen. Im Garten ging das gut, aber auf gekachelten Wegen aus den Ritzen mit hart getrockneter Erde Unkraut zu entfernen war eine Qual. Alle Hilfsmittel stellten sich als unbrauchbar heraus, am besten ging es mit bloßen Fingern. Unter den Nägeln sammelte sich der Dreck, und die wunden Fingerkuppen brannten bald. Die Sache war derart langweilig, dass einem jede Abwechslung willkommen schien. Solche Abwechslungen konnte eine Ameisenstraße sein, die ich plötzlich entdeckte, oder ein Tausendfüßler. Wenn ich den Weg geschafft hatte, machte meine Mutter noch eine Kontrolle, lobte mich oder zeigte, wo ich noch nacharbeiten musste.

Im Sommer am Morgen ein paar Beeren für das Frühstück zu pflücken, war auch mehr süß als sauer. Es ging ziemlich schnell und war nebenbei lecker. Die Kirschernte besorgten alle Kinder, die klettern konnten. Mit roten Mündern kletterten wir wieder hinab, denn ins Körbchen wanderten die wenigsten Kirschen.

Meine saure Hauptpflicht aber war besonders bei Regenwetter eine echte Drecksarbeit. Bei trockenem Wetter baute ich die Galerie aus schmutzigen Schuhen draußen am Fuße der Treppe auf, ansonsten im Kellergang. Ein bis zwei Paar Schuhe von acht Familienmitgliedern warteten darauf, blitzblank geputzt zu werden. Ich ordnete die Schuhe nach Farben. Den fest verkrusteten Stellen rückte ich mit der harten Schmutzbürste zu Leibe. Die Schuhcremedosen stellte ich geöffnet und nach Farben sortiert zu den Schuhen. Da ich farbenblind bin, musste ich immer aufpassen, dass ich nichts verkehrt machte. Wenn die Schuhcreme eingezogen war, folgte der angenehme Teil: das Blankputzen mit einer weichen Bürste oder mit Wolllappen. Wenn ich die weiche Bürste im Rhythmus über die Schuhe fliegen ließ, pfiff ich passende Melodien dazu. Die gute Laune kam zurück. Das Ende war in Sicht. Nun brauchte ich nur noch die Schuhe ins Schuhregal räumen, den Dreck aufkehren und das Schuhputzzeug aufräumen.

Alles war geschafft. Wenn jetzt meine Mutter nicht gerade fragte, ob ich noch Schularbeiten zu erledigen hätte, konnte ich hinauslaufen und spielen.

Möglichst barfuß, damit die Schuhe sauber bleiben.

Unser kürzester Urlaub

Niemals hat unsere gesamte Familie gemeinsam Urlaub gemacht. Unser großer Garten war zum Spielen und Erholen gut, wir hatten unsere Freunde in der Nähe, ich besuchte in den Ferien manchmal die Ferienspiele. Wozu sollten wir da irgendwohin fahren, noch dazu als eine so große Familie?

Nach und nach verließen meine fünf Geschwister das Elternhaus, und ich war mit den Eltern und meiner Tante Christa allein zu Haus. Da redete irgendjemand meinen Eltern ein: »Wollen Sie nicht auch einmal einen richtigen Familienurlaub machen wie alle anderen? Schließlich tut jedem mal ein ›Tapetenwechsel‹ gut!«

Meine Mutter fand es zu Hause so schön, dass sie eigentlich nicht weg wollte, tat aber meinem Vater zuliebe so, als fände sie das eine gute Idee. Und mein Vater wird gedacht haben, meine liebe Frau sieht so selten einmal etwas anderes, ich werde mich überwinden und so tun, als freute ich mich darauf, wenigstens ihr zuliebe. Als sie ihren Plan meiner Tante erzählten, verriet die nicht, dass sie viel lieber in unserem Garten liegen und lesen würde. Aber ihren besten Freunden zuliebe, die kaum einmal verreisten, nickte sie munter und rief: »Ach, wie schön!«.

Bei mir war es nicht anders. Ich hätte gern mit den Jungs aus meiner Bande wieder im Wald übernachtet. Aber wenn meine Eltern mit ihrem letzten Kind, das noch nicht ausgeflogen war, einmal Urlaub machen wollten, konnte ich ihnen die Freude doch nicht ver-

162

derben. Deshalb maulte ich nicht herum, sondern packte meinen Rucksack, ihnen zuliebe.

Die Person, die meine Eltern auf die Idee mit dem Urlaub gebracht hatte, schwärmte von einem kirchlichen Erholungsheim in der Sächsischen Schweiz. Mitten in der herrlichen Natur, unter lauter Gleichgesinnten, umsorgt vom Personal des Heimes, das wäre »Erholung pur«.

Also hatten sich meine Eltern dort angemeldet. Sie legten in den großen Koffer Kleidung, die sich zum Wandern eignete, und Bücher, ich packte mein Klappmesser ein, damit ich schnitzen konnte. Dann ging es mit dem Zug nach Bad Schandau und zu Fuß bergan einen langen Weg zu dem kirchlichen Heim. Das Haus wirkte düster, weil es unter hohen Bäumen stand, sodass keine Sonne in die Fenster gelangte. Drinnen roch es muffig und nach Kräutertee. Eine Hausordnung prangte wie eine Drohung gleich gegenüber der Eingangstür, darüber ein Kreuz. Kinder sah ich nicht, dafür ältere Pastoren mit ihren Frauen und andere Mitarbeiter aus sächsischen Kirchgemeinden.

Der Hausvater bestellte uns in sein Büro und machte darauf aufmerksam, dass die gemeinsamen Essenszeiten bitte pünktlich einzuhalten seien. Ebenso wäre es üblich, die Morgenandachten zu besuchen. Dass laute Musik und Geschrei nicht geduldet würden, brauche er wohl nicht zu betonen, sagte er noch halblaut, während er auf mich herabsah. Meine Eltern und die Tante Christa bemühten sich, weiterhin entspannt und fröhlich zu wirken, aber in ihnen wuchs der Frust genau wie in mir. Wie sollte man es hier eine Woche lang aushalten?

Wir gingen gehorsam in den Speiseraum, wo an zwei großen Tischen für alle Gäste eingedeckt war. Der Rohkostsalat aus geriebenem Rot- und Weißkohl, das angetrocknete Brot und der Kräutertee wären ja noch zu verkraften gewesen, aber diese ätzenden Höflichkeitsgespräche, zu denen sich die Gäste genötigt fühlten, gingen mir auf die Nerven. Dauernd wurde ich gefragt, wie es mir hier gefiele, in welche Klasse ich ginge und was ich einmal werden wolle. Es war anstrengend.

Meinen Eltern und meiner Tante ging es wohl ähnlich. Als meine Mutter nach dem Abendbrot die Koffer auspacken wollte, wurden ihr die Augen nass. Mein Vater bemerkte es und fragte, was sie denn habe. Da flüsterte meine Mutter: »Hänsele, wollen wir nicht lieber wieder nach Hause fahren?« Vater guckte ungläubig und erleichtert zugleich. Er hatte die ganze Zeit keinen anderen Wunsch, wollte uns nur nicht enttäuschen. Meine Eltern drückten einander erleichtert, und als sie meiner Tante erzählten, sie wollten wieder umkehren, plumpste auch ihr hörbar ein Stein vom Herzen, und sie jubelte.

Ich stimmte in das Jubelgeschrei ein und stopfte blitzschnell alles in meinen Rucksack zurück. Mein Vater übernahm die unangenehme Aufgabe, dem Hausvater einen Grund für unsere sofortige Abreise klarzumachen. Was er ihm sagte, hat er uns nicht erzählt. Ich hoffe, er musste nicht lügen.

Mit beschwingten Riesenschritten strebten wir dem Tal zu, wo wir den nächsten Zug nach Hause bestiegen. So aufgekratzt wie in diesen Stunden waren wir selten.

Mit einem unbeschreiblichen Glücksgefühl schlossen wir die Haustür unseres Hauses auf, das wir ja nur wenige Stunden zuvor verlassen hatten, und sanken hochzufrieden in die Kissen.

Am nächsten Morgen weckte uns kein Gong zum Frühstück. Keine Hausordnung verdarb uns die Laune. Keine Höflichkeitsfloskeln. Wir schliefen aus, Mutter briet Spiegeleier, wir frühstückten auf der Gartenterrasse, und ich durfte sogar am Bohnenkaffee nippen.

Der Urlaub konnte beginnen.

Tante Erika und Onkel Alfred

»Sind Tante Erika und Onkel Alfred mit uns verwandt?«, fragte ich meinen Vater, bevor ich zu den beiden in die Ferien fuhr.

Da erzählte mir Vater, woher er Erika kannte, die
dann Alfred geheiratet hatte.

Als Student sollte er im Herbst aufs Land zum Ern-
teeinsatz fahren. Er wurde einem Bauern zugeteilt, der
zwei unverheiratete Töchter hatte, die stattliche Adelheid und die kränkliche Erika. Der war am Rücken ein
Buckel gewachsen.

Die Mutter der beiden putzte ihre Adelheid heraus und betonte bei Tisch, was für ein gutes, fleißiges
Mädchen Adelheid wäre. Auch Adelheid selber machte meinem Vater schöne Augen. Wenn mein Vater eine
bestickte Tischdecke bewunderte, hieß es gleich: »Die
hat die Adelheid gestickt!« Lobte er den Kuchen, so
hatte den natürlich Adelheid gebacken. Es war nicht
zu übersehen, dass Mutter und Tochter fanden, dieser
Student wäre durchaus der geeignete Bräutigam.

Meinem Vater wurde das immer unangenehmer,
und er traute sich kaum noch aus seiner Kammer heraus, wenn er vom Feld zurückkam.

Die stille Erika saß oft im Schatten hinterm Haus und
las. Da auch mein Vater Bücher zum Leben brauchte,
kamen die beiden ins Gespräch.

Wegen ihres Buckels ging Erika nicht mit den anderen Jugendlichen zum Tanzen, sondern blieb zu Hause und träumte sich in die Welten ihrer Romane hin-

ein. Nicht, dass mein Vater sich verliebt hätte, aber er mochte dieses ernste Mädchen, und sie mochte meinen Vater auch.

Deshalb vergaß sie auch seinen Namen nicht.

Bald nach jenem Sommer musste mein Vater in den Krieg ziehen. Jahre vergingen. Der Krieg war vorbei, mein Vater hatte geheiratet, sechs Kinder wurden geboren, und er war Pfarrer in unserem Städtchen.

Da lag eines Tages Post von einer Erika im Briefkasten. Sie hatte erfahren, wo mein Vater unterdessen lebte, und erzählte ihm von ihrem Leben. Auch sie war verheiratet. Kinder hatten sie nicht, aber viele Tiere gab es auf ihrem Hof, und ihr Alfred war ein tüchtiger Bauer. Zum Lesen kam sie leider nur noch wenig, aber sie konnte ihrem Alfred vorm Einschlafen viele der Geschichten ins Ohr flüstern, die sie gelesen hatte. Das mochte Alfred sehr.

Ein paar Briefe gingen hin und her, bis die Bauersleute anboten, sie würden gern uns Kinder nach und nach einladen in den Ferien.

Bevor ich zu ihnen fuhr, waren meine großen Geschwister schon dort gewesen und schwärmten, wie toll es da sei. In der Scheune könne man von hohen Balken ins Heu hinunterspringen, Onkel Alfred nähme einen vorn auf dem Traktor mit, und Tante Erika würde mir zeigen, wie man melkt.

Nun freute ich mich auch auf das fremde Ehepaar. Meine Eltern brachten mich zum Bus und baten den Busfahrer, mir Bescheid zu sagen, wenn ich aussteigen musste.

Als ich aus dem Bus stieg, sah ich die krumme Tante Erika und ihren Mann winken. Im Seitenwagen seines

Motorrades teilte ich mit Tante Erika den Sitz, und los ging die Fahrt über Feldwege und Dorfstraßen bis zu ihrem Hof.

Ich besah mein gemütliches Kämmerchen mit Bett, Schrank, Tischlein und einem Waschbecken, neben dem ein Wasserkrug stand. Überall roch es nach Kühen und Schweinen, denn der Stall war gleich ans Haus angebaut.

Als wir uns an den Abendbrottisch setzten, faltete ich gewohnheitsmäßig die Hände zum Tischgebet. Onkel Alfred sah es und lachte. »Also gebetet wird bei uns nicht!« stellte er klar. »Den lieben Gott und die Frau Holle gibt's nämlich gar nicht. Das ist alles Quatsch!«

Tante Erika war es nicht recht, wie ihr Mann mit mir redete, und sie machte ihm Zeichen, er solle ruhig sein.

»Ist doch wahr!«, protestierte er, »Juri Gagarin, der erste Mensch im Weltall, ist ein paar Mal um die Erde gekreist, den lieben Gott und die Engelein hat er aber im Himmel nicht getroffen!«

Ich wusste nicht, was ich dazu sagen sollte, aber dass der Kosmos und der Himmel Gottes zwei verschiedene Dinge sind, wusste ich schon.

Bloß mit Onkel Alfred fing ich lieber nicht an zu diskutieren. Er wollte jeden, sogar meine Geschwister und mich, überzeugen, dass der Sozialismus siegt, die Wissenschaft Recht hat und die Kirche die Leute verdummt.

Trotzdem konnte ich Onkel Alfred ganz gut leiden. Er nahm mich mit zu seinen Bienenstöcken und ließ mich volle Honigwaben kosten. Er zeigte mir, wie der Honig geschleudert wird. Ich durfte die Kurbel der Zentrifuge drehen. Der Behälter, in dem die Honigwaben steckten, erreichte superschnelle Umdrehungen, der Honig floss heraus und wurde in einem Topf aufgefangen.

Einmal roch ich an einem Steintopf, der halb mit Kochkäse gefüllt war. Onkel Alfred erklärte, diesen Käse habe er selbst hergestellt, allerdings mit Hilfe der Fliegen.

Ich guckte ungläubig zu ihm auf und sah es in seinen Augen schelmisch blitzen.

Tante Erika wandte sich kopfschüttelnd ab, er aber erklärte mir das Geheimnis dieses Käses: »Du weißt doch, dass Fliegen Käse mögen. Weißt du auch, warum? Weil sie ihre Eier im Käse ablegen. Aus den Eiern schlüpfen Maden. Ganz, ganz viele Maden sind dann in dem Käsetopf, und die fressen den Käse ratzeputz auf, bis nichts mehr vom Käse da ist. Dann mache ich den Deckel auf den Topf und lasse ihn eine ganze Weile stehen. Die fetten Maden, die in ihrem ganzen Leben nichts als Käse gefressen haben, sterben und lösen sich auf. Was dann übrig bleibt, ist der allerbeste Käse, den es gibt. Möchtest du mal probieren?« Es klang zwar eklig, aber weil Tante Erika hinter seinem Rücken die Augen verdrehte und den Kopf schüttelte, wusste ich: Onkel Alfred flunkert und hofft, ich würde es glauben. Mutig tunkte ich den Finger in den Käse und kostete, ohne mit der Wimper zu zucken. Jetzt war ich in seinem Ansehen schon ein wenig gestiegen.

Die beiden schlachteten während der zwei Wochen auch ein Kaninchen und ein Huhn. In den Indianerbüchern, die ich gelesen hatte, trugen die Indianer Bärentatzen oder Krallen um den Hals. Deshalb holte ich mir die Hühnerfüße und die Hasenläufe, die beim

Schlachten übrig geblieben waren, und fädelte sie auf eine Schnur. Endlich hatte auch ich richtigen Indianerschmuck. Nach kurzer Zeit aber fing er an zu stinken, also konnte ich ihn nicht mitnehmen, um ihn den Jungs meiner Bande zu zeigen.

Mit den Dorfkindern kletterte ich oft in der Scheune herum. Wir spielten im Heu Verstecken und ließen uns von den höchsten Balken ins Heu fallen, wie es meine Geschwister vor mir getan hatten.

Ein Mädchen aus der Nachbarschaft mochte ich besonders. Es hatte den selben Topfschnitt wie ich zu der Zeit und trug wie ich Lederhosen. Ihre Arme waren sonnengebräunt, meine weiß. Sie zeigte mir, dass es ihr überhaupt nichts ausmachte, den Mücken ihren Arm hinzuhalten und sich stechen zu lassen, damit die in Ruhe ihr Blut trinken konnten. So tierlieb war sie. Wenn wir Fange spielten, dann wollte ich am liebsten sie fangen, und sie versuchte immer, mich zu kriegen.

Ab und zu kämpften wir im Heu, aber nicht etwa, weil wir uns stritten, sondern weil es so schön war, sich aneinander zu drücken und die Kraft zu spüren, die wir beide hatten.

Am Ende der Ferien, bevor ich in den Bus stieg, sagte sie: »Komm mal wieder!«

Sie stand noch lange in der Staubwolke, die der Bus erzeugte, und winkte mir nach. Hinter ihr winkten Onkel Alfred und Tante Erika.

Als ich zu Hause meinen Campingbeutel auspackte, fand ich ein Passfoto des Mädchens darin. Wie hatte sie mir das nur zugesteckt?!

Ich klebte es gleich in mein Fotoalbum, und da schaut es mich heute noch an.

Klettern

Auf unseren hohen Süßkirschbaum kletterte ich bereits in einem Alter, in dem, wenn man es von Menschenjahren in Katzenjahre umrechnet, kleine Kätzchen sich bereits in beängstigende Höhen wagen. Dann kommen die Kätzchen aber nicht wieder runter und müssen von der mutigen Oma auf der Obstleiter oder von der Feuerwehr heruntergeholt werden.

Bei mir war es ganz genauso: Hoch kam ich prima. Dann kriegte ich Angst und rief so lange, bis mich mein großer Bruder hörte. Er kletterte mir nach und dirigierte mich dann Stück für Stück hinunter oder machte die Räuberleiter.

Im Gebälk des Kirchturmes ließ es sich auch gut klettern, da war ich schon etwas älter und wollte mir die Nester der Tauben aus der Nähe angucken. Gern kletterte oder balancierte ich auch als Mutprobe oder um ein bisschen anzugeben.

(Wenn Erwachsene Kindern ihre Kindheitsabenteuer erzählen, müssen sie an Stellen wie dieser unbedingt sagen: »Das dürft ihr aber auf keinen Fall nachmachen, das war total blöd von mir!«)

Man stelle sich vor: Ich wettete mit ein paar Jungs aus meiner Klasse, dass ich aufs Dach der Turnhalle klettern und auf der höchsten Stelle des Daches entlang balancieren würde. Ich habe die Wette und ein paar 50-Pfennig-Stücke gewonnen. Aber ich habe auch vor Angst geschwitzt. Nicht etwa, weil ich das gefährlich fand. Das Dach war kein Problem. Vor einem Lehrer, der mich entdecken könnte, hatte ich vor allem Angst. Meine Klassenkameraden schielten auch weniger zu mir, sondern mehr zum Schulhof hinüber, ob nicht vielleicht doch ein Lehrer kam, der mir den Spaß verdarb ...

Aber ich hatte Glück.

Nachdem mir beim Klettern auf Bäume, Dächer und in Dachstühlen nichts passiert war, suchte ich nach neuen Herausforderungen. Ein richtiger Felsen wäre nun dran, dachte ich. Mit den Jungs aus meiner Bande war ich schon ein paar Mal am Hohenstein herumgeklettert, einem Granitfelsen mitten im Wald. Allerdings versuchte ich mich nur am Rand und nie an der steilen Wand. Um dort zu klettern, wollte ich allein sein, weil mich niemand ablenken sollte.

An zwei Wochenenden stand ich früh ganz zeitig auf, schnappte mir die Wäscheleine und radelte zum Hohenstein. Ich hatte schon gesehen, dass sich richtige Bergsteiger mit einem Seil sichern.

(Jetzt muss der Erwachsene in mir wieder sagen: »Kinder, das dürft ihr aber auf keinen Fall nachmachen, das war total blöd von mir!« Besonders blöd war, dass ich allein ging, nicht wusste, wie man sich richtig sichert, und glaubte, eine Wäscheleine wäre stark genug.)

Aber nicht nur meinem Vater im Krieg, bei seiner Kopfverletzung, hat ein Engel geholfen, mir auch. Ein Granitfelsen ist echt gefährlich, weil dieses Gestein sehr brüchig ist. Ich band ein Ende des Seils oben am Geländer an, schlang mir das Seil mehrmals quer um die Brust und kletterte dann an der steilen Wand herum. Alles war falsch und wirklich riskant. Aber ein Wunder geschah: Mir geschah nichts!

Als ich nach der zweiten Kletterpartie vormittags wieder zu Hause war, fragten mich meine Eltern, was ich früh so zeitig eigentlich im Wald machte.

Da erzählte ich ihnen, dass ich am Hohenstein klettern gewesen war. Beide wurden beim Zuhören blass. Ich dachte, es würde sie beruhigen, wenn ich die Wäscheleine erwähnte. Aber im Gegenteil: Jetzt malten sie sich erst recht die gefährlichen Situationen aus. Sie sagten aber nicht: »Das darfst du aber auf keinen Fall wieder machen, das war total blöd von dir!« Sie sagten auch nicht: »Wir verbieten dir das Klettern ein für alle mal!« Nein, sie stellten es richtig schlau an. Sie schlugen mir vor, dass ich in der Sächsischen Schweiz Klettersport machen, es also richtig lernen solle. Das fand ich aber nun echt lieb von ihnen und konnte die Vorfreude kaum aushalten.

Schon kurz darauf fuhr mein Vater mit mir ins Elbsandsteingebirge. Dort gab es an Wochenenden »Bergsteigergottesdienste«, zu denen sich viele Bergsteiger trafen. Dort wurde am Ende des Gottesdienstes gefragt, ob es Anfänger gäbe, die sich einer erfahrenen Seilschaft anschließen wollten. Vater meldete sich für uns beide.

So kam es, dass er zweimal mit fuhr, um sich die Sache mit eigenen Augen anzusehen. Dann ließen mich meine Eltern mit einem guten Gefühl allein an den Wochenenden losfahren.

Dabei habe ich mir zwar ein paar Schrammen geholt, habe aber so viele liebe Leute kennen gelernt, so viele Herausforderungen bestanden und herrliche Aussichten vom Gipfel genossen, dass die kleinen Gefahren nicht der Rede wert sind.

Heute klettere ich nur noch mit der Leiter in die Bäume, um Obst zu ernten.

Um so wagemutiger klettern meine Kinder auf Bäumen herum. Besonders Jona. Als er einmal von oben heruntersprang, hat er sich beide Arme gebrochen! Wie er nun mit beiden geschienten und verbundenen Armen zurecht kommen musste, tat er mir ziemlich leid. Ich glaubte, ich hätte mich verhört, als ich in dieser Zeit eine Stimme aus der Baumkrone über mir rufen hörte: »Guck mal, Papa!« Stolz winkte mir Jona mit seinen eingebundenen Armen zu. Wie er das geschafft hatte, weiß ich nicht. Aber ich kann mir vorstellen, dass er das später seinen Kindern erzählen wird, wenn sie seine Kindheitsabenteuer hören wollen.

Mein Geigenlehrer

Eines Nachts träumte ich von einer Geige. Im Traum spielte ich darauf. Nachdem ich Mutter meinen Traum erzählt hatte, deutete sie ihn als ein »Zeichen des Himmels« und hörte sich nach einem Geigenlehrer um.

Am Stadtrand wohnte ein älterer Mann mit seiner Frau, der einmal 2. Geiger am Meißner Stadttheater gewesen war. Er hieß »Herr Schöne«, aber wir waren nicht verwandt. Einmal pro Woche stieg ich die ausgetretenen Sandsteinstufen des alten Mietshauses empor, das ganz eigentümlich roch. Herr Schöne hatte viel, viel Geduld mit mir, denn ich übte nicht regelmäßig und hatte bald schon die Lust verloren. Besonders, wenn ich daheim schwierige Etüden übte und ab und zu aus dem Nebenzimmer jemand »Falsch!« rief, konnte ich es nicht leiden. Deshalb ging ich bald dazu über, nicht das zu üben, was da in den Noten stand, sondern dachte mir Melodien aus, die ich vor mich hin fiedelte. Dann wenigstens rief niemand »Falsch!« von nebenan.

Herr Schöne hatte eine uralte Geigenschule, die er wahrscheinlich bereits selbst als Kind benutzt hatte. Man sah das an den Bildern, die mindestens hundert Jahre alt waren. Ein wenig erinnerte mich sein Gesicht an eine fast halbvolle Mondsichel. Dass er so ein langes, spitzes Kinn besaß, lag bestimmt daran, dass er sein Leben lang eine Geige darunter geklemmt hatte. Auch die Finger seiner linken Hand waren anders als die der rechten Hand. Die rechte, die den Bogen führte, sah schlanker aus, die linke, mit der er ständig die

Saiten drückte, war an den Fingerspitzen platt. Man sah sogar die Stellen, die die Saiten drückten, als Rillen in der Haut. Hände wie er zu bekommen hätte mir nicht so viel ausgemacht, aber ich wollte auf keinen Fall so ein langes Kinn haben.

Ich glaube, er merkte bald, dass ich nie im Leben Geiger werden wollte. Mir war immer, als genieße er es trotzdem, mich zu unterrichten und sich mit mir zu unterhalten. Er sprach mit mir übers Theater, über die Schule, über seine früheren Schüler, die lieber Fußball als Geige spielten, und über vergangene Zeiten, als er an der Dresdner Musikhochschule Meisterschüler gewesen war. Er verlangte nur wenig Geld für die Stunde. Einmal traf ich ihn auf dem Friedhof, da harkte er ein hübsch bepflanztes, kleines Grab. Ich gab ihm die Hand und las den Mädchennamen auf dem Grabstein. Nach einer langen Pause erzählte mir mein Geigenlehrer, dass hier sein einziges Kind ruhe, das in der Hungerszeit nach dem Krieg gestorben war.

Ob er wohl deshalb gern mit mir zusammen war, weil dann einfach wieder einmal ein Kind in der Wohnung war? Seit dem Tag jedenfalls habe ich ihn mit anderen Augen gesehen. Am schönsten war es, wenn wir zweistimmig miteinander spielten, dann verflog die Zeit im Nu.

Die Übungsstunden zu Hause aber zogen sich in die Länge, es wurde immer schlimmer. Da ich auf der Geige ein paar einfache Dreiklänge spielen konnte, legte ich immer öfter den Bogen weg und schrammelte auf der Geige herum, wie auf einer Mini-Gitarre. Mein Geigenlehrer war mir nicht böse, als ich ihm erzählte, dass ich aufhören wolle und lieber Gitarre spielen würde.

Er gab mir sogar einen guten Tipp: »Versuch es doch zunächst einmal mit der Mandoline! Die Mandoline wird sich für dich leichter spielen, weil sie genauso gestimmt und auch nicht größer als eine Geige ist.«

Als ich das letzte Mal die krummen Stufen hinabstieg, atmete ich den markanten Geruch dieses Hauses tief ein und dachte: Ich könnte mir eine Duftsammlung anlegen. In Reagenzgläsern fange ich den Duft verschiedener Momente ein und beschrifte die Gläser. Da stünde zum Beispiel »Weihnachten 1966« oder »Am Lagerfeuer mit meiner Bande 1964« oder eben »Treppenflur im Haus meines Geigenlehrers«. Von allen Orten, die einen besonderen Geruch haben und an die ich mich wieder einmal erinnern will, wenn ich alt bin, lege ich mehrere Geruchsproben an. Wenn ich dann fast nichts mehr hören oder sehen kann, die Nase aber noch in Ordnung ist, dann greife ich nach einem meiner alten Reagenzgläser. Ohne das Etikett zu lesen, öffne ich es und schnuppere daran. Bei diesem einen Glas wüsste ich unfehlbar: Ah ja, das Treppenhaus ... die ausgetretenen Sandsteinstufen ... ich drücke die Klingel ... ich höre Schritte ... die Tür geht auf: »Da bist du ja, ich habe schon auf dich gewartet!« ... sagt mein Geigenlehrer.

Junge Talente

Als ich nicht mehr zum Geigenunterricht gehen musste, hielt ich Ausschau nach einer Mandoline, weil ich mich beim Singen selber begleiten wollte. Ein Junge gab mir seine alte Mandoline, als ich ihm mein Klappmesser dafür bot. Weil die Saiten der Mandoline wie die der Geige gestimmt sind, konnte ich gleich ein paar Akkorde spielen und schrammelte los.

Jetzt saß ich auf den Stufen im hohen Treppenaufgang unseres Hauses. Hier schallte es herrlich. Einige Schlager, die wir Kinder morgens im Küchenradio hörten, kannte ich auswendig.

Die Lieder hießen: »Schuld war nur der Bossa Nova«, »Rote Lippen soll man küssen« und »Ich hab Bohnen in die Ohr'n!«

Die richtigen Schlagersänger kamen wahrscheinlich alle aus England. Ihre Aussprache hatte einen englischen Anklang. Das gefiel mir. Nun sang auch ich so, als ob ich ein Engländer wäre, der die hiesige Aussprache noch nicht ganz beherrschte. Bald sang ich jedes Lied mit diesem Akzent.

Mein Vater machte sich allmählich Sorgen, was mit mir los sei. Er machte sich lustig über mich: »Du nikt so gutt sprekken deutz? Du singen so komik! Ik nik kann so gutt värstehn ...«

Es war gar nicht leicht, mir diesen komischen Akzent wieder abzugewöhnen.

Wenn ich englische Songs nachsingen wollte, hörte ich mir den Klang der Aussprache ungefähr ab und sang dann ein Phantasie-Englisch mit ein paar richtigen Wortbrocken zwischendurch.

Einmal spielte in unserem Gemeindesaal ein Kirchenkabarett. Sie hatten zu bekannten Melodien witzige neue Texte geschrieben. Das wollte ich auch probieren.

Das einzige Lied, an das ich mich heute noch erinnere, schrieb ich auf die Melodie des Hits »Marmor, Stein und Eisen bricht«. Er begann mit den Worten: »Weine nicht, wenn der Regen fällt, damdam, damdam, es gibt einen, der zu dir hält, damdam, damdam. Marmor, Stein und Eisen bricht, aber unsre Liebe nicht, alles, alles geht vorbei, doch ich bin dir treu!«

Mein neuer Text hieß nun: »Weine nicht, wenn der Vater sagt: Ins Bett! Ins Bett! Wenn dich Mutter zur Türe jagt: Ins Bett! Ins Bett! Das ist wirklich ein großer Mist, immer wenn es am Schönsten ist, ist es einmal so richtig nett, gleich heißt es: Ins Bett!«

Es machte mir unheimlich Spaß, bekannte Schlager, besonders wenn sie schnulzig waren, umzuschreiben. Drei oder vier solcher »Parodien« hatte ich verfasst und konnte sie bald auswendig. Zum Faschingsfest unserer Klasse ging ich als Schlagersänger. Ich borgte mir von meinem Bruder ein knallbuntes Hemd, das riesige Kragen hatte, setzte eine verspiegelte Sonnenbrille auf und hängte meine Mandoline um.

Als ich gefragt wurde, ob ich denn meine Mandoline auch spielen könne, stellte ich mich vorn hin und sang meine umgedichteten Schlager. Meine Klassenkameraden lachten, johlten und klatschten. Als ich alle Lieder gesungen hatte, wollten sie mehr hören, und da ich nicht mehr hatte, fing ich wieder von vorn an.

Fasching war vorbei. Im Schulalltag gab es weniger zu lachen. Aber endlich kam der letzte Schultag vor den großen Ferien. An dem Tag machten die netten Lehrer eine Ausnahme und lasen uns etwas vor, erzählten Witze oder fragten wie unsere Musiklehrerin, ob jemand einen Wunsch hätte, was wir in der letzten Stunde machen wollten. Da meldete sich ein Mädchen und fragte, ob ich noch mal die lustigen Lieder singen könne, die ich zum Fasching gesungen hatte. Die Musiklehrerin kannte diese Lieder noch gar nicht und erlaubte, dass ich den Katzensprung nach Hause lief, um meine Mandoline zu holen. Ich hatte meine Lieder ja oft genug im Treppenflur wiederholt und konnte alles singen, ohne stecken zu bleiben. Alle lachten wieder, auch die Musiklehrerin.

Nach der Stunde wollte sie mich sprechen. Sie lobte mich und erzählte, es würde jedes Jahr an allen Schulen nach Kindern gesucht, die zu den »Jungen Talenten« delegiert werden könnten. Sie musste es mir mehrmals erklären, bis ich verstand: Das war eine Art Wettstreit, ähnlich wie im Sport, nur mehr so kulturell, also mit Liedern, Gedichten und Tanz. Ich war einverstanden, dass sie mich dort anmeldete.

Im neuen Schuljahr sagte sie dann, dass ich beim Vorentscheid auftreten dürfe. In der Aula sang ich vor etwa fünf Erwachsenen meine Liedchen zur Mandoline. Sie lächelten wohlwollend, einer verzog das Gesicht. Meine Musiklehrerin klatschte am heftigsten. Bei dieser Gelegenheit erfuhr ich, was andere Kinder vorbereitet hatten. Es waren eher ernsthafte Lieder und Texte, einige kannte ich aus dem Lesebuch. Jedenfalls kam es mir so vor, als ob die meisten Kinder gar keinen Spaß an ihren Vorträgen hatten, sondern sich nur Mühe gaben, die eingeübten Betonungen gut aufzusagen, ohne stecken zu bleiben, oder auf ihren Instrumenten die anspruchsvollen Musikstücke fehlerlos zu spielen.

Nach dem »Vorausscheid« erfuhr ich, dass ich in einigen Wochen zum Kreisausscheid im Stadttheater von Meißen auftreten dürfte. Wenn ich dort unter den Siegern sei, dürfte ich beim Bezirksausscheid der »Jungen Talente« mitmachen. Wer dort wieder erfolgreich sei, durfte auch noch zum »Republikausscheid« nach Berlin fahren. Einen Weltausscheid oder so etwas gab's nicht.

Ich war aber sehr zufrieden, dass ich meine lustigen Lieder einmal in einem richtigen Theater vor Publikum spielen durfte und nicht nur vor einer Jury von Erwachsenen.

Der große Tag kam, meine Musiklehrerin begleitete mich bis hinter die Bühne. Hier fieberten Mädchen im Samtkleid oder Tanzkostüm ihrem Auftritt entgegen, Jungs im Anzug oder mit weißem Hemd und Krawatte schwitzten und flüsterten ihre Texte vor sich hin. Ich hatte das bunte Hemd meines Bruders wieder an, weil aber kein Fasching war, wollte ich nicht übertreiben und hatte die Sonnenbrille weggelassen.

Auf dem Plan stand mein Auftritt ziemlich am Schluss. Ich war nicht besonders aufgeregt, weil alles ja sowieso mehr ein Spaß war, was ich machte. Ich guckte durch eine Lücke des Vorhangs in den Saal und sah, dass er voll war. Viele Kinder waren gekommen, die ungeduldig auf den Beginn der Veranstaltung warteten.

Hätten sich die anderen jungen Talente selber ausgesucht, was sie singen, sprechen und vorspielen wollten, hätte es ihnen selbst und den Kindern im Saal bestimmt mehr Spaß gemacht. Aber Erwachsene hatten ihnen Texte ausgesucht, die »Lob der Partei«, »Der bewaffnete Friede« oder »John Scheer und Genossen« hießen. Auch die Musikstücke, Lieder und Tänze waren eher feierlich und ernst. Zum Lachen jedenfalls gab es nichts. Je länger die Veranstaltung dauerte, desto müder lümmelten sich die Kinder in ihre Theatersessel, und der Applaus wurde immer kraftloser.

Die Zwillinge, die vierhändig ein Klavierstück von Beethoven gespielt hatten, verbeugten sich. Jetzt war ich gleich dran. Mein Mikrophon wurde aufgestellt. Ich atmete tief durch und ging hinaus. Da ich noch nie im Scheinwerferlicht gestanden hatte, merkte ich: Das blendet aber gewaltig!

Niemanden im Publikum konnte ich erkennen. Na, vielleicht auch besser so ...

Ich machte keine Ansage, sondern hämmerte die ersten Akkorde in die Saiten meiner Mandoline. Weil die Kinder Lust hatten, im Takt zu klatschen und sich das geradezu anbot, hörte ich das laute Klatschen. Das freute mich zwar, aber mir war klar, jetzt muss ich laut genug singen, damit meine Stimme das Klatschen übertönt. Mit meiner hohen Knabenstimme schmetterte ich also mutig: »Weine nicht, wenn der Vater sagt: Ins Bett! Ins Bett! Wenn dich Mutter zur Tür jagt: Ins Bett! Ins Bett!« Bereits bei der zweiten Strophe stimmten die Kinder in die immer wiederkehrenden Worte »Ins Bett! Ins Bett!« mit ein. Weil alle die Melodie des Hits »Marmor, Stein und Eisen bricht« wiedererkannten, war ihre Müdigkeit verflogen, und sie mussten über meinen neuen Text lachen. Als ich fertig war, gab es ein gewaltiges Trampeln, Klatschen und Pfeifen.

Langsam hatte ich mich auch an das blendende Licht gewöhnt und erkannte die Gesichter der Zuhörer in den ersten Reihen, die mich aufmunternd anstrahlten, dass ich weiter machen solle. Ich hatte ja auch noch zwei weitere Lieder vorbereitet.

Der donnernde Applaus spornte mich natürlich an, und ich war kein bisschen schüchtern mehr. Am Schluss meiner drei Lieder schob mich meine Musiklehrerin, die hinterm Vorhang alles angehört hatte, immer wieder auf die Bühne, damit ich mich vor dem tobenden Saal noch einmal verbeugte. Das Verbeugen war mir peinlich. Aber was sollte ich machen. Ich musste vorn so oft meinen Diener wiederholen, bis der Applaus verebbte. Dann klopfte mir meine Musiklehrerin auf die Schulter und sagte stolz: »Wenn das keine Delegation zum Bezirksausscheid wird, fress ich einen Besen!«

Sie musste keinen Besen fressen. Ich wurde noch einmal delegiert, durfte noch einmal, diesmal in Dresden, meine drei Lieder schmettern und mich mehrmals verbeugen. Die Jury fand meinen Auftritt zwar ganz lustig, dass ich aber Melodien von Schlagern aus dem »kapitalistischen Ausland« verwendet hatte, gab Punktabzug.

Ich war zwar so eine Art Publikumsliebling, genügte aber den hohen Maßstäben der Jury nicht, die darüber entschied, wer würdig genug sei, den Bezirk in der Hauptstadt zu vertreten.

Mir genügten meine beiden Auftritte erst einmal,

um zu wissen: Lieder schreiben macht Spaß, und ich brauche keine Angst vor dem Publikum zu haben, wenn ich es nicht langweile. Diese Lektion reichte für einen Zwölfjährigen aus.

Nach und nach habe ich noch andere Lektionen gelernt. Da aber war ich bereits ein »altes Talent«.

Vorläufiger Abschied vom Kinderland

Obwohl ich nun wirklich nicht mehr aussah wie ein kleines Männlein, wurde ich in der 10. Klasse immer noch »Männel« genannt. Aber das war endlich auch das letzte Jahr. Danach nämlich begann in Leipzig meine Lehre, dort wohnte ich allein und verriet niemandem den unpassenden Spitznamen.

Aber dieses letzte Jahr zu Hause, als ich in die Zehnte ging, war besonders anstrengend. Ich hatte eine tiefere Stimme bekommen und wurde von jedem Besucher gefragt, ob ich schon eine Freundin hätte und was ich einmal werden wolle, wenn die Schule vorbei war.

Ich hatte Angst vor den Prüfungen und davor, dass mein Abschlusszeugnis zu schlecht ausfallen würde, um einen interessanten Beruf ergreifen zu können. Außerdem, woher sollte ich denn plötzlich wissen, was ich werden wollte?

Mein Vater war Pfarrer, das war schon ein guter Beruf. Aber manchmal zweifelte ich an dem, was in der Bibel stand, und manchmal verstand ich Gott nicht. Wie sollte ich mich in solch einem Moment hinstellen und predigen?! Auch Schauspieler wäre ich gern geworden, aber wenn ich dann zum Beispiel einen Soldaten hätte spielen sollen, der die »Waffenbrüderschaft« pries, hätte ich mir doch lieber auf die Zunge gebissen. Unterdessen war ich nämlich gegen jede Armee der Welt. Auch an den Kinderwunsch, Clown zu werden, glaubte ich nicht mehr, da gab es im Zirkus genug eigene Leute.

Wie wär's mit Krankenpfleger? Oder Heizer auf einem Ozeandampfer? Oder Gärtner? Oder Geschichtenerzähler?

Ich fand es so schrecklich, mich jetzt für mein restliches Leben entscheiden zu sollen. Jeder Lehrer lag uns damit in den Ohren, dass jetzt die »Weichen gestellt« würden für unser weiteres Leben. Das hieß: Schulabschluss, Lehrausbildung, vielleicht noch Meister oder Abteilungsleiter von irgendwas, dann arbeiten, arbeiten, arbeiten. Zwischendurch noch heiraten und Kinder kriegen, eine Rentenzusatzversicherung abschließen, Opa werden, Rente kriegen, fertig. Und was wurde aus all meinen Kinderträumen von Expeditionen, Abenteuern und Zirkus?

Eines Tages kam ein jüdisches Ehepaar aus Prag zu Besuch, Frau Professor Lauscher und ihr Mann.

Frau Lauscher hatte als Lehrerin einige Jahre im Ghetto Theresienstadt verbracht. Dort versuchte sie, den jüdischen Kindern ein wenig Hoffnung zu geben, trotz ihrer schrecklichen Lage. Obwohl sie damit die Todesstrafe riskierte, unterrichtete sie die Kinder heimlich. Immer wieder ermunterte sie die Kinder, Bilder zu malen, von dem, was sie erlebten, und dem, was sie erträumten und wünschten. Die Bilder hob sie alle auf und versteckte sie. Später, nach dem Krieg, wurden die Bilder in der ganzen Welt bekannt.

In unserer Kirchgemeinde wollte Frau Lauscher einen Vortrag halten. Ihr Mann begleitete sie auf ihren Reisen. Nach dem Kaffeetrinken ging Frau Lauscher in die Kirche, um alles vorzubereiten.

Ihr Mann blieb mit mir im Garten zurück, und auch er fragte mich, was ich denn einmal werden wolle. Da erzählte ich ihm meinen Kummer, dass ich das überhaupt nicht wisse. Als ich ihn nach seinem Beruf fragte, antwortete er: »Ich hatte nicht nur einen Beruf.«

Dann erzählte er mir aus seinem abenteuerlichen Leben, durch wie viele Länder es ihn geführt hatte, wie er als Zimmermann gearbeitet und als Kürschner kostbare Felle genäht hatte, wie er sich mit Hilfsarbeiten an Güterbahnhöfen, Baustellen und Häfen hatte durchschlagen müssen. Er hatte an einer Schule unterrichtet und in einer Bibliothek gearbeitet. Kurze Zeit hatte er zur Regierung der Tschechoslowakei gehört. Das war gleich nach dem Krieg gewesen. Stalin und sein Geheimdienst aber behaupteten, dass dreizehn Personen in der tschechischen Regierung Spione und Verbrecher seien. Man verhaftete sie und verurteilte sie zum Tode. Nur drei von ihnen wurden begnadigt. So entkam Jiří Lauscher wieder einmal im letzten Moment dem Tode.

Er erzählte so spannend, dass ich kaum glauben konnte, dass so viele Abenteuer in ein Leben passten. Zum Glück hatte er mehr Gutes als Schlimmes erlebt. Seine Frau und er bemühten sich nach dem Krieg um Versöhnung und Freundschaft zwischen den Völkern und fanden wirklich in der ganzen Welt gute Freunde.

Da saß endlich jemand vor mir, dessen Leben nicht so schnurgerade und langweilig verlaufen war, wie ich es für mein weiteres Leben befürchtete. Ich war erleichtert. Diese Stunde im Garten machte mir Mut, mich auf das Abenteuer meines Lebens nach der Schule zu freuen. Zunächst würde ich irgendeine Ausbildung machen und später vielleicht etwas ganz anderes. Und wenn das dann irgendwann nicht mehr zu mir passte, würde ich weiter sehen. Außerdem, alles konnte ich sowieso nicht planen. Oft genug wird man überrascht, dass alles plötzlich völlig anders weitergeht, als vorher gedacht.

Das Leben muss nicht nur aus langweiligen, schnurgeraden Hauptstraßen bestehen, sondern darf Umwege, Berge, Täler, Nebenstraßen und Zickzackwege haben, gab mir Herr Lauscher mit auf den Weg.

So kam es, dass »Männel« den Schulabschluss machte, dann Gerhard hieß, Kupferschmied in Leipzig wurde, später Schauspieler bei einem Kirchentheater, Briefträger, Musikstudent, zwischendurch Bausoldat und noch später Sänger.

In den Liedern, die ich sang, war ich dann Clown und Geschichtenerzähler, Abenteurer, Pfarrer und Meeresbezwinger.

Aber das ist eine andere Geschichte.

Inhalt

190

Impressum

Buchgestaltung: Mathias Bertram, Berlin
Gesetzt aus der Rabenau Book von Axel Bertram,
mit gemalten Überschriften von Jutta Mirtschin
Herstellung: Westermann Druck Zwickau
Alle Rechte vorbehalten. Printed in Germany.
ISBN 978-3-942473-78-1

© Lehmstedt Verlag, Leipzig, 2014
www.lehmstedt.de